MZ세대의 취업법

공공기관
취업문
생각보다 쉽다

"공공기관 행정직 인턴, 정규직(무기계약직) 취업의 A to Z"

김동선 지음

마지원

MZ세대의 취업법

/

공공기관
취업문
생각보다 쉽다

"공공기관 행정직 인턴, 정규직(무기계약직) 취업의 A to Z"

공공기관은 사기업과 다르게 블라인드 채용을 진행하고 있어, 학벌이나 스펙이 중요하지 않은 것이 사실입니다. 실제 공공기관에 입사 지원을 해보면 학력이나 전공, 가족관계 등을 적는 칸이 아예 없습니다. 일부 공공기관은 영어점수(토익, 토플 등) 최소기준도 없습니다. 저도 토익점수가 공공기관 최소 커트라인 정도였습니다. 많은 취업준비생들이 그래서 공공기관 취업을 준비합니다. 공정하다고 생각하는 것이죠(공무원 시험도 마찬가지입니다). 저도 대학교 4학년 때 부터 공공기관에 관심이 있어 지원을 했던 기억이 있습니다. 그때는 합격률이 높지는 않았습니다. 2017년도 2월 대학교 졸업 후, 3월부터 공공기관 인턴을 하며 본격적으로 취업 준비를 했었는데, 인턴을 한 지 2개월 만에 정규직으로 정부출연연구기관에 취업할 수 있었습니다. 그렇게 직장인으로서 첫 발걸음을 내딛었습니다. 하지만 회사생활은 생각보다 쉽지 않았습니다. 사실 그럴 수밖에 없었습니다. 맡은 일도 처음 해보는 일이고, 인간관계도 사회초년생이라 어렵고, 고향이 아닌 타지에서 생활하다 보니 신경 쓸 일도 많았습니다. 그때부터 생각했었습니다. 과연 내가 이일을 20~30년 해나갈 수 있을까? 말이죠. 그래서 지금도 한 회사에서 30~40년 일하시는 분들이 대단하다고 생각합니다. 그렇게 첫 직장을 약 1년 정도 다니다가, 생각보다 빨리 다른 곳으로 이직 할 수 있었습니다. 그렇게 두 번째도 공공기관에 다니게 되었습니다. 정규직으로 들어갔으나 수습기간 1년을 마치고, 계약기간 만료로 퇴사하게 되었습니다. 이때 '공공기관하고 내 성격이 맞지 않나'라는 생각을 처음 했었습니다. 퇴사 후 3개월 정도 공백이 있었습니다. 이때 주변 사람들에게 말은 안 했지만 많은 고민과 함께 자존감도 하락했던 시기였습니다. 대학교 때부터 아르바이트, 대외활동 등 나름 사회생활을 경험했다고 생각했는데 이정도 밖에 안 되는 사람인가? 과연 나는 무슨 일을 해야 할까? 진지하게 고민했던 순간이었습니다. 그러고도 세 번째로 공기업에 들어갔었고 여기까지 오게 되었습니다. 그래서 스스로를 MZ세대 공공기관 프로이직러(이직을 많이 하는 사람)라고 부르고 싶습니다. 자랑이 절대 아닙니다. 이 책을 보시는 여러분들도 공공기관 취업을 충분히 할 수 있다는 것을 말씀드리기 위해서입니다. 이쯤 되면 제 스펙이 궁금하실 텐데요. 저는 지방 국립대를 3.6학점 정도로 졸업했습니다. 회계사, 세무사 같은 직무 관련 전문 자격증이 있는 것도 아니었습니다.

　이 글을 본 누군가는 "작가님은 어떻게 그렇게 쉽게 공공기관에 합격을 하시나요? 다른 사람은 한 번 붙기도 힘든데."라고 말합니다. 솔직히 말씀드리면, 운 좋게도 대학시절부터 지금까지 사기업, 공공기관 가릴 거 없이 취업 준비를 해오며 서류든, 면접이든 합격률이 꽤 높았습니다. 하지만 그러한 합격 뒤에는 보이지 않는 제 땀방울이 있었다고 말씀드리고 싶습니다. 사실 노력 없는 결과는 없습니다. 노력과 함께 적절한 운이 뒷받침되었기에 취업의 문에 한 발자국 더 가까이 다가갈 수 있었다고 생각합니다.

한두 번 실패해도 좋습니다. 그래도 계속 취업문을 두드리고 도전하십시오. 계속 문을 두드리다 보면 분명 본인의 자리를 찾을 것입니다. 공공기관에서 근무하면 가장 좋은 점이 공무원처럼 정년이 보장된다는 점입니다. 하지만 저는 평생직장은 없다고 생각합니다. 정년 이후에도 본인만의 경제력이 있어야 합니다. 그것은 앞으로 여러분들이 끊임없이 찾아할 중요한 부분입니다.

나도 언젠가 선배가 되어 취업을 준비하는 후배들에게 도움이 되고 싶어다는 생각을 했었는데, 이렇게 책으로 내게 되니 감회가 새롭습니다.

저와 같은 MZ세대들이 이 책을 통해 취업이라는 열매를 맺을 수 있도록, 힘이 되고자 하는 마음을 담아 이 책을 썼습니다.

프롤로그

공공기관 행정직 인턴, 정규직(무기계약직) 취업의 A to Z

합격으로 가는 목차

하나, 취업 전의 마인드 점검하기

나 그리고 기업을 알면 백전백승

저는 '지피지기면 백전백승'이라는 사자성어를 좋아합니다. 취업시장에서 가장 잘 적용되는 말이기 때문입니다. 그럼 제가 무슨 말을 할지 감이 오시는 분들도 있을 겁니다. 본인이 원하는 것이 무엇인지, 취업하고자 하는 공공기관에 대해 잘 알고 있어야겠지요? 취업 준비생 분들은 공공기관에 대해 얼마나 알고 계신가요? 국민 세금으로 운영되는 기관이라는 것은 알고 있을 겁니다. 그나마 조금 더 찾아보면 홈페이지에 기관 소개 정도는 볼 수 있을 겁니다. 하지만 공공기관 취업을 생각하고 있다면 공공기관에 대해 정확하고 많이 알고 있어야 합니다.

그럼 여러 공공기관(정부출연연구기관, 준정부기관)에서 총 몇 년간 직접 근무했던 필자가 정확하게 말씀드리겠습니다. '공공기관은 국가 예산으로 운영되기에 정년이 보장되며, 공무원에 준하는 사람들이 일하는 곳'이라고 정의하겠습니다. 취업 준비생들이 정년 보장의 안정성 때문에 공공기관 취업을 준비한다고 생각해서 이렇게 정의했습니다. 물론 본인의 국가관이 투철하여 공공기관에서 일하고 싶은 사람도 있을 수 있습니다. 하지만 취업을 목표로 한다면, 철저하게

하나,
취업 전의 마인드 점검하기

공공기관 취업 준비생 입장에서 생각하고 접근해야 한다는 점을 강조하기 위해 말씀 드리는 것입니다.

공공기관은 공기업(시장형, 준시장형), 준정부기관, 기타공공기관(정부출연연구기관 포함)으로 나누어지며, 사회 발전과 유지를 위한 공공서비스를 제공하는 국가기관입니다. 와 같은 일반적인 정의는 이 책에서는 다루지 않았습니다. 공공기관에 관해 정의해 봤습니다.

대학교 다닐 때 누군가 공공기관에 대해 제대로 알려주면 좋았을 텐데, 현실은 절대 그렇지 않았습니다. 취준생 입장에서 제대로 알아보기 위한 노력을 하지 않았을 것입니다. 저도 과거에는 그랬습니다. 그래서 공공기관 취업에 있어 '지피지기면 백전백승'이라는 말씀을 먼저 드리고 싶습니다. '자신'을 정확히 알고 취업을 하는 것과 모르고 하는 것은 분명 많은 차이가 있기 때문입니다. 다만, 본인에 대해 잘 모른다고 해서 걱정할 필요는 없습니다. '나는 어떤 사람인가'에 대해 정확히 말할 수 있는 사람은 많지 않다고 생각합니다. 그렇지만, 취업에서 최종 면접이라는 관문을 통과하기 위해서는 꼭 짚고 넘어가야 하는 부분입니다.

제가 대학교 재학시절 취업을 위해 노력을 주로 했던 것이 취업 설명회에 자주 다니고 먼저 취업한 선배들과 대화를 하는 것이었습니다. 간간히 취업 특강도 참여하구요. 그런 것들이 제게 도움이 많이 되었고, 취업 관련한 지식을 쌓게 되는 계기가 되었습니다. 저의 경험으로 '가능하다면 많은 취업 설명회에 참여하라'고 말씀드리고 싶습니다.

다음으로 노력했던 부분은 '취업 관련 서적'을 꼼꼼하게 읽는 것이었습니다. 제가 가고 싶은 기업과 관련 서적, 취업을 위한 자기소개서, 면접 노하우 같은 서적들을 많이 읽었습니다. 취업 설명회 참석 만큼의 도움은 아니지만, 직접 실천해 볼 수 있는 노하우들이 담겨있어 나름대로 도움이 많이 되었습니다. 자기소개서를 쓸 때 책을 참고하여 쓰기도 했습니다. 그래서 대학교 4학년 본격적으로 취업 준비를 할 때, 스펙이라고 할 만한 대단한 것은 없었지만 자기소개서는 대기업, 공공기관 할 것 없이 10곳에 써내면 6곳 이상은 합격했습니다. 어떤 기업인지 세세하게 말씀드릴 수 없지만, 누구나 알 만한 기업들이었습니다. 또한, 저는 가고 싶은 기업의 본사 혹은 지점에 미리 연락드리고 직접 방문했습니다. 이것도 취업에 도움이 되었던 방법이라 생각하기에 추천 드리고 싶습니다. 기업에 대해서 정확하게 알 수 있는 기회가 될 수 있습니다. 특히 사기업에 지원하신다면 도움이 될 것입니다. 공공기관도 당연히 도움이 됩니다. 조금 노력이 필요한 일이지만, 직접 다녀오시면 자기소개서를 쓰거나 면접을 대비하는 데 분명 많은 도움이 될 것입니다. 본인이 어떤 공공기관에 가고 싶은지 생각해 보시고 한두 군데 지사(지역본부)라도 직접 다녀오세요. 생각만 하지 말고 직접 실천하는 것이 중요합니다. 거기서부터 시작이고 분명 다른 사람들과 차이를 만들어 낼 것이라 저는 확신합니다.

　다시 '지피지기면 백전백승'이라는 말로 돌아와서 생각해 봅시다. 제가 대학교 재학시절 했던 노력들을 취업 준비생분들께 설명드렸는데요, 어떤 분은 공감하시는 분도 있을 테고 아닌 분들도 있을 겁니다. 결국, 공부와 마찬가지로 취업도 본인이 어떤 태도를 가지고 하느냐에 따라 달린 것이며, 그 과정에서 우리가 흔히 말하는 운도 작용할 것입니다. 취업하기 위해 제가 지금까지 수 없이 지원해 본 결과, 상황에 따라 운도 어느 정도 작용합니다. 물론 노력이 더 중요합니다. 그러면 지피지기면 백전백승이라는 말이 조금은 이해되시나요? 기업에 대해서 알기 위해 끊임없는 노력을 하는 것이 공공기관 취업을 위한 첫 번째 관문입니다. 이는 취업 전 대학교를 다닐 때부터 꾸준하게 해야 합니다. 차근차근 취업 관련 지식을 쌓아가는 겁니다. 요즘은 예전과 달리 대학교 1학년 때부터 스펙을 쌓고 취업 준비를 합니다. 취업은 무턱대고 4학년 때부터 슬슬 해 볼까 하면 되는 시대는 죄송하지만 지났다고 말씀드리고 싶네요. 그렇다고 무조건 스펙만 쌓았다고 취업이 되는 시대도 아닙니다. 특히 공공기관은 블라인드 채용을 진행하기 때문에 더욱 그렇습니다. 거창하지는 않더라도 나름 스스로의 '취업 루틴'을 만들어보라는 겁니다. 그것이 제가 위에서 열거했던 방법이 될 수도 있고, 다른 방법이 될 수도 있습니다. 그렇다고 해서 원래 하던 전공분야 공부를 소홀히 하라는 것은 아닙니다. 전공 공부는 본인이 가고 싶은 직렬(행정직, 기술직 등)의 필기시험을 볼 때 중요하게 작용할 수 있습니다. 공공기관은 대부분 필기시험(NCS, 전공 시험)을 거쳐야 하기 때문입니다. 전공 공부는 어느 정도 해 놓고, 추가 노력을 통해 남들이 얻지 못하는 정보를 얻어내야 합니다. 정보가 곧 본인의 자산입니다. 그저 방에서 하루 종일 자격증 공부나 한다고 해서 그런 정보를 얻을 수 없습니다. 가능하면 밖으로 나가야 합니다. 취업 시장에 본격적으로 뛰어들기 전에 어떤 준비를 할 것인지 한 번 생각해보는 시간을 갖기를 바랍니다. 아직 무슨말인지 잘 모르겠다고요? 그건 본인에 대해 알아 가는 시간이 필요하다는 증거입니다. 그래서 다음 내용으로 '나는 누구인가', '무엇을 하고 싶은가'에 대해 말하고자 합니다. 아니 공공기관 취업에 대해 노하우를 알려준다고 했는데 갑자기 인문학 서적에서 나올 만한 주제를 말하니 조금 이상한데요? 라고 생각하실 겁니다. 하지만 취업이라는 것은 나에 대해 정확히 모르고 뛰어들게 되면 99% 실패합니다. 제 경험이 100% 맞지 않겠지만, 기업 인사 담당자를 포함한 다양한 사람들의 이야기를 듣고 종합하여 말씀드리는 겁니다. 공공기관에 정말 취업하고 싶으신가요? 그럼 당장 요즘 유행하는 MBTI 검사부터 진지하게 한 번 해보시길 권합니다. 이미 해보신 분들은 그래도 취업을 위한 첫걸음을 내딛으셨다고 생각합니다. 아직 안 해보신 분들은 지금 컴퓨터나 스마트폰을 켜고 꼭 해보세요. MBTI는 방대한 데이터에 기반을 둔 성격 유형 검사이므로 나름 정확하다고 말씀드릴 수 있습니다. 그렇다고 해서 제가 MBTI 신봉자는 아니니 오해는 말아 주십시오. 직접 해보신 후 다음 장을 읽어 주시면 더욱 도움이 될 것입니다.

하나.
취업 전의 마인드 점검하기

나는 누구인가
Who am I?

이 책을 읽는 MZ세대 여러분들은 초, 중, 고 학창시절을 어떻게 보내셨나요? 어떤 꿈이 있으셨나요? 저는 어렸을 때 꿈이 '아인슈타인' 같은 과학자였습니다.

여러분들은 꿈을 이루셨나요? 나는 뭘 하고 싶었어. 정확하게 이야기할 수 있는 사람이 몇 명이나 있을까요? 대부분의 사람들은 평범하게 학창시절을 보내고 대학 졸업 후 취업을 하게 됩니다. 어떤 일을 하고 싶은지 물어봐 주는 사람은 많지 않습니다. 그저 하루하루 주어진 공부를 하며 쳇바퀴 도는 삶을 살게 됩니다. 저희 세대 대부분의 부모님은 그저 "공부 열심히 해서 훌륭한 사람 되고 돈 많이 벌면 돼"라고 늘 말씀하십니다. 그때는 그 말이 전부인 것처럼 들렸죠. 하지만, 그 말씀을 곧이 곧대로 들으면 '우물 안 개구리'가 됩니다. 사실 성인이 되어 세상에 나와 보면 무궁무진한 기회의 장이 있다는 걸 알게 됩니다. 공부가 아니더라도 본인이 타분야에 재능이 있고 노력만 한다면 성공할 수 있는 길은 다양하게 열려 있습니다.

서론이 길었는데, 취업 시장에서도 마찬가지라고 말씀드리고 싶습니다. 본인이 취업이라는 길을 선택했으면, 나 자신에 대해서 정확히 알 필요가 있습니다. 나중에 말씀드릴 면접에서도 중요하기 때문입니다. 제가 해보라고 했던 MBTI는 해보셨나요? 어떤 유형이 나왔나요? 외향적인가요 아니면 내향적인가요? 꼼꼼한가요 아니면 배려심이 깊으신가요? 솔직하게 응답하고 결과지를 받아 본다면, 오, 나름 정확한데? 라고 느끼셨을 겁니다.

MBTI 검사를 해보셨다면 자신에 대해 조금이라도 더 알게 되었을 것입니다. 사실 우리는 지금까지 치열하게 경쟁만 하며 살아왔기 때문에, 무엇을 좋아하는지 모르는 것이 당연합니다. 공공기관 취업도 마찬가지입니다. 공공기관에 입사하여 행정직, 기술직으로 정년까지 적응해 나가며 잘 할 수 있을지 고민을 많이 해보는 것도 중요합니다. 주변에 먼저 취업한 선배나 가족이 있다면 입사 후 삶에 대해 귀 기울여 들어보는 것도 좋습니다. 그런 다음에 본격적으로 취업 준비를 해야 합격률을 조금이라도 더 높일 수 있다고 생각합니다.

어떤 분들은 이렇게 말할 수 있습니다. 아니 그렇게까지 하면 대체 무슨 효과가 있는 거에요? 그냥 처음부터 시험공부하듯 준비하면 되지 않나요? 경쟁률은 어차피 마찬가지로 높을텐데요? 라고 말씀하실 겁니다. 그렇게 물어보시면 "네 그렇게 하시면 됩니다." 라고 말씀드릴 겁니다. 본인이 지금까지 해 왔듯 그저 시험 보고 면접 보고 그렇게 하시면 됩니다. 그러면 결과는요? 100%는 아니지만 90% 이상 합격과는 멀어진다고 감히 말씀드릴 수 있습니다. 제가 대학교 재학 시절부터 직접 취업 시장이라는 불구덩이에 들어가 경험을 해본 결과, 나에 대해 정확하게 알고 쓰는 자기소개서하고 대충 100개 쓰는 자기소개서는 엄청난 차이가 납니다. 자기소개서는 취업에 있어 합격을 위한 1차 관문입니다. 여기도 제대로 통과하는 기업이 없다면, 취업 문턱 근처도 못 가는 겁니다.

대기업, 공공기관 등 여러 군데 합격하는 사람들은 단순히 운이 좋아서 여러 곳을 합격하고 골라서 갈까요? 합격자들은 분명 합격자들만의 노하우가 있습니다. 합격자들이 제 주변에도 많이 있었고, 그런 사람들과도 많이 이야기했습니다. 이야기를 종합한 결과, 제가 내린 결론은 그들은 자신에 대해 정확하게 알고 취업 시장에 뛰어들었다는 것입니다. 자신에 대한 이해를 바탕으로 자신감을 갖고 취업 준비를 했던 것이죠. 여기서 자신감은 허세가 아닙니다. 철저한 자기분석을 바탕으로 취업을 준비했다는 이야기입니다. 이는 일반적으로 말하는 3대 스펙, 7대 스펙, 9대 스펙 이런 부분이 아닙니다. 태도와 자세를 이야기하는 겁니다.

지금까지 제가 했던 말을 아직 100% 다 이해하지 못해도 좋습니다. 뒷장에서 더 낱낱이 설명드릴 예정이니까요. 물론 저는 다른 분들보다는 다양한 공공기관에서 행정직으로 근무한 경험이 있기 때문에 공공기관 취업 준비 과정을 중심으로 세세하게 말씀드릴 겁니다. 그리고 공공기관뿐 아니라 사기업 필기시험, 면접경험, 최종합격 경험도 갖고 있습니다. 나름대로 취업 관련하여 지금까지 쌓은 경험이 있기 때문에, 책 중간중간 관련 내용이 나올 때 다시 설명드릴 예정입니다.

MZ세대 취업준비생분들은, 이번 장을 읽고 본인 책상에 앉아 자신을 마인드맵으로 표현해 보세요. 뭘 하는 것을 좋아하는지, 어떤 걸 잘할 수 있는지 말입니다. 그리고 그것을 바탕으로 본인이 살아온 삶의 이야기들을 한번 쭉 정리해 보세요. 그렇게 정리한 내용이 나를 제대로 표현하는 자기소개서가 됩니다. 완벽하지 않아도 좋습니다.

하나,
취업 전의 마인드 점검하기

한 가지 정도 나만의 무기 만들기

어렸을 때 누구나 좋아하는 만화영화 하나쯤은 있었을 겁니다. 저도 어렸을 때 '디지몬 어드벤처', '포켓 몬스터'와 같은 만화영화를 좋아했는데, 갑자기 만화영화 얘기를 꺼내는 이유가 있습니다. 만화에서 주인공이 강력한 적을 만나 싸울 때 처음에는 패배할 때가 꽤 있습니다. 그러면 주인공은 적을 무찌를 방법을 다방면으로 연구합니다. 적과 제대로 싸우기 위해 무술이나 기술을 더 연마하기도 합니다. 그리고 이러한 노력을 통해 주인공만의 방법과 무기를 발견하게 되고 결국은 적을 무찌릅니다. 이러한 만화영화의 스토리들은 취업 시장에서도 적용될 수 있습니다.

자세한 이야기에 앞서 갑자기 '나만의 무기'라고 해서 뭔가 특별한 것을 갖고 있어야 될 거 같은 두려움을 갖고 있는 사람들이 있을 것 같은데, 여기서 말하는 나만의 무기는 다른 지원자와 차별화될 수 있는 '나만의 이야기'를 의미합니다. 우리는 인사 담당자 입장에서 한 번쯤 생각해 봐야 합니다. 하루에 수백 개의 자기소개서를 읽고 검토하는 인사 담당자로서 비슷한 자기소개서의 경우 맨 앞 두세 줄만 읽고 모든 내용을 제대로 읽지 않을 가능성이 있습니다(실제로도 그런 경우가 있습니다). 그럼 인사 담당자의 관심을 받기 위해서는 어떻게 해야 할까요?

결국은 진실한 나의 노력과 이야기가 담긴 자기소개서를 만들어야 합니다. 다소 자극적일지라도 인사담당자 입장에서 봤을 때 눈에 띄는 소제목을 만들고 첫 문단은 두괄식으로 작성하는 것이 좋습니다. 나만의 이야기는 거창한 것이 아닙니다. 본인만의 정말 다양한 이야기들로 채워질 수 있습니다. 제 경우에는 대학교 재학 시절 특허 관련한 공부를 해 관련 자격증(지식재산능력시험)을 취득한 사실을 두고, 항상 자기소개서 "타인과 차별화된 본인만의 장점이 있는가"의 질문에 대한 답변 형식으로 구성하고 작성했습니다. 대학생들 중 특허에 대해 공부한 경험을 갖고 있는 사람이 있긴 하겠지만, 많지는 않을 것입니다. 저는 이러한 부분까지 생각하고 특허 공부를 시작했습니다. 나만의 이야기를 갖고 A은행, B공기업, C외국계 회사의 서류 전형에 무난하게 합격할 수 있었습니다. A은행, B공기업의 실제 자기소개서 질문도 다른 지원자와 차별화된 점을 작성하라는 것이었습니다.

그러면 누군가 이런 질문을 할 수 있습니다. 특허 관련한 공부를 했다는 거 자체가 어려운 내용 아닌가요? 관련하여 심화된 내용까지 공부한 것이 아닌가요?라고 질문할 수 있습니다. 이 질문에 대한 답변을 솔직하게 드릴 수 있습니다. 전혀 아닙니다. '특허'라는 분야는 우연히 교내에서 열린 '지식 재산 페스티벌'에 참여하게 되면서 관심을 갖게 되었습니다. 페스티벌에 참여해 보니 국가 및 기업 간 특허에 대한 소송이 빈번히 일어나고 있다는 것을 알게 되었습니다. 그래서 관련하여 공부를 해 두면 나중에 취업 경쟁력이 있겠다고 생각했습니다. 그렇게 노력하다 보니 목표도 달성하고 나만의 스토리 라인을 만들어 낼 수 있었던 겁니다.

　나만의 무기는 이런 경험이라 말씀드리고 싶었습니다. 아시겠지만 엄청나게 특별한 경험을 한 건 아닙니다. 누군가는 그렇게 대단한 경험도 아닌데 마치 대단한 것처럼 써 놨네라고 생각할 수도 있을 것입니다.

　맞습니다. 대단한 경험은 아니라고 생각합니다. 그러나, 제가 새로운 분야에 관심을 갖고 노력해서 성취한 것입니다. 그게 더 중요한 가치이며 이 이야기를 잘 써서 서류 전형에 많이 합격했었습니다. 이렇게 나만의 스토리를 하나 만들어 내면 자기소개서의 다른 질문에도 적용이 가능합니다. 목표를 세우고 도전해서 성취해 본 경험이 있느냐는 질문에 대해서도 이 내용으로 쓸 수 있는 것입니다. 공공기관이나 사기업 등 기업에서 신입사원을 채용할 때, 면접에서 면접관들이 가장 많이 보는 것은 지식보다는 지원자의 태도, 의지 등입니다. 스펙이 무조건 많다고 해서 최종 합격하는 시대는 지난지 오래입니다. 다른 사람들이 모르고 있는 회사 정보들을 알고 있어야 하고, 지원자가 쓴 자기소개서도 회사 및 직무와 관련한 내용들로 빽빽하게 담겨야 합니다.

　그래서 여러분들도 하고 싶은 활동이나 해야 할 일들을 통해 나만의 경험, 스토리를 한 번 만들어 보라고 꼭 말씀드리고 싶습니다. 앞서 말씀드렸던 나만의 무기는 많은 비용을 들여 취득하는 자격증과 같은 스펙이 아님을 다시 말씀드립니다. 그런 것이 아닌 스스로 찾아 행동하고 느끼는 의미 있는 경험들입니다.

　당장 대단할 것들을 할 필요는 없습니다. 시작은 미약해도 좋습니다. 작은 것부터 하나씩 실천해 보세요. 그러한 경험이 조금씩 쌓이다 보면, 분명 언젠가는 본인만의 강력한 무기가 되어 있을 것입니다. 그리고 그 무기를 하나씩 필요할 때 꺼내서 자기소개서 질문이라는 적에 맞서 활용하면 됩니다.

하나.
취업 전의 마인드 점검하기

1학년부터 취업 준비하는 대학생들

제가 대학교 1학년이었던 2011년과 지금은 취업을 준비하는 상황이 많이 다릅니다. 2011년쯤만 해도 매년 대졸 신입공채를 뽑았습니다. 그리고 코로나19라는 팬데믹도 없었죠. 포스트 코로나 시대가 되면서 취업하기가 많이 어려워졌습니다. 가장 큰 이유로는 국가경제가 어려워졌기 때문입니다. 그래서 많은 대학생들이 1~2학년 때부터 취업 준비를 하고 있습니다. 그래야 3,4학년 때 여유롭게 준비할 수 있으니까 미리 하고 있습니다. 물론 과거에도 저학년 때 미리 준비하는 학생들이 있었지만 갈수록 그런 학생들이 늘어나고 있는 걸 느끼고 있습니다. 학점 관리, 토익 시험, 직무 자격증 등과 같은 스펙을 1학년 때부터 준비합니다. 어떤 대학생은 입학하자마자 바로 공무원 시험 준비를 하는 학생들도 있다고 합니다. 왜 이렇게 다들 저학년 때부터 열심히 할까요? 답은 하나입니다. 남들보다 더 좋은 곳에 취업하기 위해서입니다. 인생에 있어 취업이 전부는 아니지만, 기본적인 삶을 유지하기 위해 우리는 일을 해야 합니다. 부산대 공대를 졸업한 친구와 대화할 기회가 최근에 있었는데, 본인의 친구들 중 졸업한 지 몇 년이 지났는데 아직까지 취업을 하지 못한 친구들이 있다고 말했었습니다. 실제 그런 얘기를 들으니 이과, 문과 가릴 거 없이 취업의 문이 갈수록 더 좁아지고 있음을 느낄 수 있었습니다.

　정부는 공공기관 일자리를 해마다 늘린다고 했지만, 통계청 자료에 따르면, 취업을 위해 학원을 다니는 비경제 활동 인구가 사상 최대로 증가했다고 합니다. 그리고 30대 취업 준비생도 1년 전보다 17% 가까이(15만 3000명 →17만 9000명) 증가했다고 합니다. 정말 청년들이 원하는 일자리는 갈수록 줄어들고 있는 것 같았습니다. A라는 대학생이 1학년 때부터 열심히 준비했다고 칩시다. 그럼 4학년 때 취업이 과연 잘 될까요? 물론 열심히 하지 않는 학생들보다는 취업이 조금 더 수월하겠지만 100% 합격할 거라는 보장은 없습니다. 그저 묵묵히 하루하루 최선을 다하다 보면 좋은 기회가 오며, 결국 취업을 하는 것이라고 지금까지 생각했습니다. 분명히 취업에 운이 작용하기도 합니다. 다만, 100% 운에 맡길 수 없기에 노력하는 것입니다.

　그러면 어떠한 노력을 해야 할까요? 그게 중요한 것입니다. 남들 다한다고 해서 따라 했다가는 본인의 의지나 적성과 상관없이 무작위로 합격을 위해 입사지원해야 하는 경우가 발생합니다. 이를 방지하기 위해서라도 1학년 때는 어떻게든 본인이 어떤 방향으로 가는 것이 좋은지 고민해 보면서 공부를 해야 합니다. 그리고 전공 공부도 좋지만, 다양한 인간관계를 쌓기 위해 노력하는 것이 중요하다고 생각합니다.

　저는 대학교 1학년 때 배울 점이 많은 선배 한 분을 만났습니다. 교수님과 대면으로 진행하는 '진로설계상담'이라는 과목을 통해서였습니다. 그 선배는 저보다 한 살 더 많음에도 불구하고 이미 본인 이름으로 된 특허가 몇 개나 있었고, 자기만의 사업을 꿈꾸는 선배였습니다. 그 당시 그 선배의 이야기를 들으며 매우 감명을 받았던 기억이 있습니다. 나와 한 살밖에 차이가 안 나는 선배지만 저렇게 멋진 일들을 하고 있구나. 본인이 하고 싶은 일들에 대해 주저 없이 도전하고 성취하는 자세가 매우 부러웠습니다. 그래서 내가 할 수 있는 범위에서 최선의 노력을 다해 보자.라고 다짐했었습니다. 대학 생활을 하며 그 선배를 만난 건 행운이었고 제게 매우 좋은 자극이 되었습니다.

아시다시피 술 진탕 먹고 노는 그런 대학 생활은 이제 캠퍼스에서 거의 찾아볼 수 없습니다. 여러분들이 대학생이라면 본인한테 최대한 도움이 되는 쪽으로 학교를 다니면 좋습니다. 그 과정에서 본인이 하고 싶은 일들이 무엇인지 조금이라도 더 알게 되는 계기가 될 것입니다. 그것이 꼭 취업이 아니더라도 말입니다. 저도 재학 시절 다양한 사람들을 만나고 특강에 참여하면서 많은 것을 깨달았습니다. 전공 공부 말고도 할 수 있는 공부가 많다는 것을요. 그걸 깨달은 것만으로도 큰 결실이라는 생각이 듭니다. 도서관에서 전공 책을 당장 더 보거나, 전공 시험 점수 A+ 받는다고 성공하는 건 절대 아닙니다. 나만의 차별화된 이야기를 만들어 가는 것이 대학교 생활에서 관건이라고 생각합니다. 그렇다고 해서 어영부영 대충 학교 생활을 보내라는 이야기는 절대 아닙니다. 고등학교 때 못했던 진로 탐색의 과정을 대학교 시절 한 번 해보라는 겁니다. 사실 진로 탐색은 중, 고등학교 때부터 해야 하는데 대한민국의 현재 교육은 절대 그렇지 못합니다. 안타깝지만 아직까지도 철저하게 대학교 입시 위주의 교육입니다.

　그리고 지방에 있는 국립/사립 대학교를 다닌다고 해서 절대로 주눅들 필요는 없습니다. 지방에 있는 대학생들도 얼마든지 다른 학교 학생들과 교류할 수 있는 프로그램들이 많이 있습니다. 중요한 것은 내가 얼마나 관심을 갖고 도전하고 노력하는가입니다. 그러한 경험 하나하나가 언젠가 취업을 할 때 큰 도움이 될 것은 확실하게 말씀드릴 수 있습니다. 단순 스펙 쌓기가 아닌 나를 위한 노력이기 때문입니다. 요즘은 과거와 달리 대학교에 취업뿐 아니라 다양한 교과 프로그램들을 운영하고 있는 것으로 알고 있습니다. 그렇지만 학생들의 참여율은 저조한 편이죠. 그럴 시간에 공무원 책이나 더 봐야지, NCS시험 공부해야지 이렇게 생각할 가능성이 높을 것입니다. 그러나 그런 다양한 특강에 열중한다는 것은, 3년 뒤 취업 준비를 할 때 자기소개서에 한 줄이라도 더 제대로 된 글을 작성할 수 있는 바탕이 된다는 겁니다. 지어낸 이야기가 아닌 팩트로 쓸 수 있습니다. 그게 바로 제가 앞서 강조 드렸던 '차이'입니다. 이 책을 읽는 대학교 1학년 학생들이 있다면, 본인이 가진 장점, 적성을 탐색하고 최대화하기 위한 시간으로 대학 생활을 보내세요. 말보다는 실천이 중요한 시점입니다.

취업 어렵게 생각하지 마세요

요즘 일자리를 구하기가 갈수록 어렵다고 합니다. 그래서 학력, 성별 제한이 없는 공공기관 취업을 준비하는 학생들이 많다는 기사를 봤습니다. 공무원도 마찬가지고요. 주변에도 준비하는 지인들이 있어 종종 제게 준비하는 방법을 묻기도 했습니다.

제가 직접 준비하고 합격해 보니 최종 합격까지 가는 길은 실제로 험난합니다. 바늘구멍 같은 높은 경쟁률을 뚫어야 하는 것도 맞습니다. 하지만, 합격 후 곰곰이 다시 생각해 보니 나름 전략적으로 계획을 세워 준비하면 충분히 취업할 수 있다는 결론을 냈습니다. 오히려 내가 될까? 이런 복잡하고 부정적인 생각을 갖고 있는 사람들이 취업이 잘 되지 않는다고 생각합니다. 긍정적이고 편하고 쉽게 생각해야 합니다. 다만, 앞서 말했듯 그렇게 생각하고 아무 노력도 하지 않으면 되는 건 절대 없습니다. 하루하루 묵묵히 내 몫을 어떻게든 해내는 것이 중요합니다. 공부, 자기관리 어떤 것이든 좋습니다. 그리고 취업과 관련 없는 활동에 시간을 낭비하는 것을 최대한 줄여야 합니다. 인내할 줄 아는 사람이 달콤한 열매도 얻을 수 있습니다.

그럼 제가 어떤 면에서 취업이 쉽다고 말씀 드리는 걸까요? 대학교 재학 시절부터 지금까지 정말 많은 곳(공공기관, 사기업 등)에 지원했고, 떨어져도 보고, 최종 합격도 해봤습니다. 스펙이 절대적으로 좋은 것은 더더욱 아니었죠. 평범한 대학생이었습니다. 취업준비생 시절에는 잠깐이지만 슬럼프도 겪었습니다. 그러한 과정을 거쳐보니 현재는 나름 저만의 노하우도 생겼고, 다른 사람들에게 긍정적인 경험을 전달할 수 있게 되었다고 생각합니다. 저도 처음에 누구의 도움도 없이 자기소개서를 쓴다고 했을 때 막막하지 않았을까요? 자기소개서 질문들에 어떤 대답을 해야 하는지 헷갈려 썼다 지웠다 많이 했습니다. 그렇지만 거기서 멈추지 않았습니다. 잘 쓸 수 있는 방법을 찾아보고 실천했습니다. 앞서 말씀드린 것처럼 취업 설명회를 많이 다녔습니다. 인사 담당자에게 다가가 명함도 받았습니다. 그리고 먼저 취업한 선배들도 만나 회사 생활에 대한 이야기도 듣고 나만의 것으로 만들었습니다. 이러한 것들이 처음엔 크게 드러나지 않았지만 시간이 지날수록 제게 도움이 되었습니다. 그러면서 뭔가 모를 자신감이 조금씩 생겼습니다. 당장이라도 취업 준비생의 신분에서 탈출할 수 있을 것 같은 자신감이었습니다. 아마도 그런 자신감이 생긴 이유가 다른 친구들과 달리 취업의 확률을 높이는 노력을 했기 때문이라고 생각합니다. 예로, 토익시험이나 컴퓨터활용능력 같은 자격증을 따기 위해 시험 자체에 목메지 않았습니다. 실제로 저는 컴퓨터활용능력 자격증이 없습니다. 그러한 자격증이 일부 공공기관/대기업에서 가점을 주긴 하지만, 취업에 그다지 큰 영향을 미칠 것 같지는 않았습니다. 휴학하고 뭔가를 새롭게 준비해 본 적도 없습니다. 그러나 단 한 가지, 내가 다른 지원자

하나.
취업 전의 마인드 점검하기

보다 잘 할 수 있는 것은 무엇이고 진정으로 도움이 될 만한 차별화된 나만의 경험으로 무엇을 해야 할까 고민했습니다. 그리고 좋은 기회가 왔을 때 도전하여 성취했습니다. 예로, 그중 한 가지 경험을 말씀드릴까 합니다.

대학교 3학년 때 교내에서 열린 '영어 비즈니스 PPT 대회'가 있었습니다. 비즈니스와 관련한 주제를 하나 정해 영어로 발표해 보는 대회였습니다. 어학연수를 다녀온 경험도 없었고 영어를 잘하는 건 아니었지만, 해보면 의미가 있을 만한 경험이라고 생각했습니다. 혼자는 할 수 없다고 생각하여 학교 게시판에 함께 할 팀원을 구하는 글을 바로 올렸습니다. 수학과 친구가 문자를 줘서 그 친구와 같은 과 친구까지 총 3명으로 팀을 꾸리게 되었습니다. 발표는 제가 하기로 하였습니다. 다행히 수학과 친구가 미국에 어학연수를 다녀온 경험이 있어 영어 발음에 도움을 주었습니다. 발표자료는 밤을 새워가며 함께 만들었습니다. 발표 당일 긴장이 조금 되었습니다. 준비를 열심히 했지만, 앞서 발표하는 사람들을 보니 생각보다 매우 잘하는 것이었습니다. 뭔지 모를 두려움을 이겨내며, 할 수 있다는 자신감으로 준비해온 원고를 보지 않고, 5분간의 발표를 마무리할 수 있었습니다.

제가 이 경험을 말씀드리는 이유는 제 실제 자기소개서에 성취 경험으로 많이 쓰였고, 이 경험을 포함하여 쓴 자기소개서 중 최종 합격까지 한 자기소개서에도 있는 내용이기 때문입니다. 그리 특별한 경험도, 대단한 결과를 만든 것도 아니었지만 나름 귀중한 재산이었다고 생각합니다. 완벽한 조건이나 실력을 갖추지는 못했어도, 두려움을 떨쳐내고 팀을 꾸리며 도전하는 추진력과 도전정신? 인사담당자도 이런 점을 눈여겨보지 않았을까 합니다. 그 인사담당자들이 완벽, 완전한 사원을 뽑으러 그 자리에 나오지 않았다는 사실만은 분명합니다.

여러분들도 자신만의 경험이 쌓이면 쌓일수록 자기소개서를 쓰거나 면접을 대비하는 게 쉬워집니다. 어떠한 경험이 되었든, 곰곰이 생각해 보면 분명 1~2개는 있을 것입니다. 그러한 경험을 글로 쓰면 자기소개서이고 말로 하면 면접입니다. 그래서 지금 당장 본인이 하고 싶거나 할 수 있는 경험의 리스트를 세워보시길 권장 드립니다. 거창한 경험이 아니어도 됩니다. 그 경험이 당장은 큰 의미가 없어 보일지라도 분명 언젠가 큰 도움이 될 거라고 저는 확신합니다. 취업 준비를 하며 느꼈었고, 그게 바로 취업으로 가는 지름길입니다.

나는 왜 취업을 해야 하는가

이번 장에서는 취업에 대한 근본적인 이야기를 해볼까 합니다. 혹시 본인이 왜 취업을 해야 하는지 한 번쯤 고민해 보신 적 있으신가요? 너무 단순한 질문인가요? 당연히 학교를 졸업했으니, 먹고 살기 위해 해야 하는 건가요? 한 번쯤 깊게 생각해 볼 문제입니다. 왜 취업을 해야 하는지 사람마다 다른 이유가 나올 것입니다. 우선 저의 경우 "잘 먹고 잘 살기 위해서"였습니다. 그래서 연봉이 조금이라도 높은 곳에 가야 돈도 빨리 모을 것이고, 잘 살 수 있다고 생각했습니다. 창업을 하지 않는 이상 '이왕이면 다홍치마'라고 더 좋은 기업에 취업을 해야 돈을 많이 벌 수 있었습니다.

하지만, 지금 와서 드는 생각은 대한민국 회사들 중 100% 완벽한 회사는 절대로 없다는 것입니다. 연봉이 높으면 그만큼 일이 어렵거나 많을 가능성이 높습니다. 제 경험뿐 아니라 다른 사람들의 이야기를 들어봐도 그렇습니다. 그리고 회사 생활은 사람과 사람이 하는 것이기에 결국 인간관계가 큰 부분을 차지합니다. 그리고 정년이 보장되는 것과 별개로 평생직장도 없다는 생각으로 바뀌었습니다. 내가 하고 싶은 것들을 찾아나서는 게 중요하다는 생각을 했습니다.

물론, 공공기관에서 정년까지 일하는 것이 목표인 분들은 이 책을 잘 읽고 실천하시면 됩니다. 다만, 이 질문에 대해 명확히 대답을 할 수 있어야 면접 전형에서 통과할 가능성이 높아집니다. 그 이유는 '왜 취업을 해야 하는가'라는 질문을 '왜 그 기업에 취업을 해야 하는가'로 바꾸면 되기 때문입니다. 저처럼 돈을 많이 벌고 싶은 사람은 직장을 선택할 때 가장 중요한 점을 연봉이라고 대답할 것입니다. 사람들과 관계 맺기를 좋아하는 사람은, 새로운 인간관계라고 말할 것입니다. 결국, 본인의 평소 가치관과 밀접한 관련이 있는 것입니다.

취업을 하게 되면 더 이상 학생이 아닌 직장인으로서 본인의 몫을 분명하게 해내야 합니다. 어떻게 보면 직장인으로서 책임감이 생기는 것입니다. 그리고 좋든 싫든 업무에 대한 평가를 받게 됩니다. 학교에서 시험 점수로 평가받듯 회사에서도 성과에 대한 평가를 받습니다. 그 평가에 의해 본인의 연봉이 결정됩니다. 그러한 시스템에 의해 움직이는 곳이 회사인 것입니다. 어떻게 보면 냉정하다고도 할 수 있습니다. 하지만 그것이 회사입니다. 그리고 제가 지금까지 사기업, 공공기관을 포함하여 여러 기업에서 일해 본 경험으로는 공부머리와 일머리는 다르다는 것입니다. 학창시절에 공부를 아무리 잘했던 사람이라도, 취업해서 몇 개월 혹은 몇 년 안에 회사를 그만두는 사람들도 꽤 많습니다. 힘들게 입사하고도 생각보다 퇴사를 많이 하는 것입니다. 반면 학창시절 공부를 잘하진 않았지만, 본인만의 길을 개척하여 부를 창출하여 잘 사는 사람들도 있습니다. 이러한 것을 봤을 때 사람마다 분명 잘하는 것이 각각 있다는 생각이 듭니다.

다시 취업 이야기로 돌아와서, 취업을 위한 첫 단추를 잘 꿰매

라는 말씀을 드리고 싶습니다. 정말 많이 알아보고 스스로 공부한 기업을 지원해서 가라는 것입니다. 아니 취업하기 어려운 상황에서 물불 가릴 처지가 아닌데요?라고 말씀하시는 취업준비생분들도 있을 것입니다. 하지만, 무작정 여러 기업 지원을 통해 어느 기업에 운이 좋게 최종 합격하여 입사하더라도 오래 버티지 못할 가능성이 높다고생각합니다. 본인이 공공기관 취업을 원한다면 진짜 가고 싶은 공공기관 몇 개를 추려 본 후, 그 기관에 대해 1부터 100까지 제대로 공부해 보세요. 공부할 수 있는 방법은 여러 가지가 있습니다. 인터넷, 책을 통해 기본적인 정보들을 얻을 수 있습니다. 앞서 말했듯, 공공기관에 취업하기 위해서는 공공기관에 대해 제대로 알고 있어야 하는 것은 당연합니다. 어설프게 알고 있다가 면접에서 면접관에게 들통 나면 불합격할 가능성이 높습니다. 저도 과거 면접에서 합격하려는 욕심에 소위 '아는 척'을 했다가 압박 질문을 받아 불합격한 뼈아픈 기억이 있습니다. 그러니까 회사, 직무에 대해 대충 알아보지 말고 한번 정확하게 알아보라는 것입니다. 주변에 이미 근무하고 있는 선배가 있다면 더욱 좋습니다. 여러분들도 얼마든지 쉽게 할 수 있는 것들이며, 다른 방법들도 있습니다. 취업은 열심히 전공 공부만 한다고 해서 되는 게 절대 아님을 거듭 말씀드리며, 취업을 왜 해야 하는지 다시 한번 진지하게 생각해 보세요. 명확한 답이 당장 나오지 않아도 좋습니다. 고민을 해본다는 것만으로도 첫 발걸음을 내디딘 것입니다. 취업에 대한 나의 진심 어린 생각을 정리해 볼 수 있습니다.

'왜 취업을 해야 하는가'가 공공기관 취업에 있어 첫걸음이라 말씀드리고 싶습니다.

힘들 땐 힘들다고 표현하기

취업을 준비하다 보면 힘든 상황에 부딪히게 됩니다. 마치 슬럼프 같은 것이죠. 나의 방향이 맞는 것인지? 지금 공부하고 있는 방법이 맞는지? 고민에 빠집니다. 주변 가족들은 얼른 취업하라는 무언의 압박을 주기도 합니다. 스스로 막막하고 답답한 느낌이 들 때가 분명히 옵니다. 저도 한때 그랬습니다. 따로 준비한 건 크게 없고, 내가 가진 스펙이 전국적으로 어느 정도 위치인지도 모르겠던 순간이 있었습니다. 제가 할 수 있는 건 노력한 만큼 최대한 많이 지원하여 도전해 보는 것이었습니다. 그리고 취업에 성공할 수 있다며, 스스로를 다독이는 게 제가 할 수 있는 유일한 방법이었습니다.

하지만, 여러분들은 취업 준비 과정에서 힘든 일이 있다면, 주변 사람들에게 힘들다고 도움을 요청하기 바랍니다. 분명 그들은 내 민 손을 잡아 줄 것이라 생각합니다. 저도 과거 취업 준비 과정에서 그러지 못했지만, 지금 와서 드는 생각은 힘들 땐 힘들다고 말할 줄 알아야 한다고 생각합니다.

우리나라는 옛날부터 힘듦을 주변에 표현하지 않는 것이 미덕이었던 나라였습니다. '한강의 기적이라는 말'도 모든 국민들이 힘들

하나.
취업 전의 마인드 점검하기

어도 묵묵히 앞만 보고 달렸기에 가능했던 것이니까요. 목표를 이루기 위해 열심히 노력하는 것도 중요합니다. 하지만, 그 과정에서 분명 성과가 잘 나오지 않는 힘든 시점이 찾아옵니다. 그게 외부의 상황이든 본인의 의지든 분명히 옵니다. 이는 취업 후 회사 생활을 할 때도 마찬가지입니다. 그럴 때 주변에 도움을 청하고 마음을 다 잡아야 합니다. 힘든 마음을 충분히 표현하고 위로받아야 합니다.

그렇게 힘든 마음을 충분히 표현하고 나면 조금이나마 답답했던 일들, 힘들었던 것들이 풀리는 느낌을 받을 수 있을 거라고 생각합니다.

취업 준비는 끝이 보이지 않는 긴 터널을 지나가는 것입니다. 터널을 한참 지나갈 때는 깜깜하고 얼마나 가면 끝이 나오는지 정확하게 알지 못합니다. 하지만 목표 지점을 통과하겠다는 마음으로 일정한 속도로 꾸준히 가다 보면 어느새 터널을 지나가게 됩니다. 취업도 마찬가지라고 생각합니다. 당장 내가 가진 스펙이 어느 정도 경쟁력이 있는지, 과연 취업은 할 수 있을지 두려운 마음이 큽니다. 주변에서 합격 소식이 들려오면 빨리 취업을 해야 할 것만 같은 조바심을 느낍니다. 그렇다고 남들이 한 번쯤 해본다는 공무원 시험을 준비하기도 어렵습니다. 경제적인 상황 때문에 많은 시간과 비용을 투자할 수 없기 때문입니다. 정말 스스로의 자존감이 낮아질 수 있습니다. 저는 그러한 힘든 상황 하에도 혼자서 '분명 기회는 온다. 나는 된다.'라는 생각을 했습니다. 그때 당시에 누군가 보면 근거 없는 자신감(근자감)이라고 해야 할까요? 그러나 그 근거 없는 자신감이 저를 공공기관 최종 합격까지 이끌었습니다. 힘든 과정은 누구나 분명 있습니다. 그래도 좀 인내하며 이겨낸 사람과 중간에 포기하는 사람은 분명히 다른 결과를 가져옵니다. 최종 탈락을 훌훌 털어 내고, 본인의 문제점을 파악한 후 다시 도전하는 사람과 그렇지 않은 사람은 차이가 있습니다.

힘든 마음을 다잡고 다시 도전하는 사람에게 더 좋은 기회가 올 것이라고 저는 확신합니다. 다시 한번 말씀드립니다. 힘들 땐 힘들다고 표현하세요. 우리나라 사람들은 힘듦을 표현하기 전에는 절대 모릅니다. 분명 네가 그렇게 힘들었니? 라고 반문하는 사람들이 꽤 있을 것입니다. '열 길 물속은 알아도 한 길 사람 속마음은 모른다'는 속담도 괜히 나온 말이 아닙니다. 이렇게 한번 속마음을 표현하고 나면, 다시 한번 취업을 향해 달릴 수 있는 원동력이 될 겁니다. 그 힘을 바탕으로 최종 합격까지 가능한 것이죠. 단순히 희망적인 말만 한다고 말씀하시는 분들도 있을 겁니다. 취업이라는 목표를 달성하기 위해 마음을 다스리는 것만큼 중요한 것은 또 없다고 말씀드리고 싶습니다. 만약 제가 마음을 제대로 컨트롤하지 못하는 사람이었으면 공공기관을 포함한 여러 기업에 취업하지 못했을 것이라 생각합니다. 첫 번째, 두 번째는 운 좋게 합격했다고 해도 그다음 합격은 분명 운이라고 말할 수 없을 것입니다. 힘든 일을 긍정적인 마음가짐으로 훌훌 털어 내고 묵묵히 노력하는 사람만이 최종 합격이라는 문을 두드릴 수 있을 것입니다. 정 힘든 마음을 표현할 사람이 없으면 개인 블로그도 운영하고 있으니 제게 댓글로 남겨 주세요. 최근까지 취업 준비를 해보고 회사 생활을 해 본 사람으로서 진심으로 고민 들어 드리고 답변드리겠습니다. 슬픈 일은 나누면 반이 되고 기쁜 일은 나누면 배가 된다고 하니까요.

취업은 9회 말 투아웃이다

저는 스포츠를 좋아합니다. 그중 야구에도 관심이 있어 오래 전부터 '한화이글스'의 팬이기도 했습니다. 야구라는 스포츠가 재미있는 건 '9회 말 투아웃'이라는 말이 있기 때문입니다. 야구를 포함한 모든 스포츠에 역전의 드라마가 있지만, 야구만큼 심장을 쫄깃하게 하는 스포츠는 없다고 생각합니다. 상대팀과 점수 차가 얼마 안 나는 경우 만루 홈런 한방이면 충분히 역전할 수 있고, 그 팀의 투수는 승리투수가 됩니다. 실제로 야구 경기를 보면 역전한 경우가 왕왕 있었습니다.

이러한 말씀을 드리는 건 취업도 9회 말 투아웃이라고 생각하기 때문입니다. 자본주의 사회에서 모든 것이 상대방과의 경쟁에서 성취해야 하는데, 취업 시장만큼 경쟁이 치열한 시장은 없습니다. 갈수록 취업 준비생들이 원하는 양질의 일자리는 줄어들고 있어 경쟁률이 계속 높아지고 있기 때문입니다. 이러한 상황 하에 취업 준비생분들은 취업의 어려움으로 자신감을 잃어 갈 수 있습니다. 자신감을 잃고 슬럼프에 빠진 그 마음 충분히 이해합니다. 그러나 계속 거기에 머물러 있으면 안 됩니다. 빠져나올 수 있는 방법을 찾기 위해 노력해야 하고 결국은 거기서 빠져나와야 합니다. 만약 혼자 하기 어렵다면 가족이나 지인들에게 도움을 요청해야 합니다. 주변에 취업을 잘한 선배나 친구들을 보면 분명 자신만의 방법으로 취업을 준비했고, 자존감이 높은 사람들이었을 겁니다. 그러니 여러분들도 힘들 때 마음을 다잡고 야구의 9회 말 투아웃 상황에 내가 있다고 떠올려 보세요. 이런 상황에서 자신과의 싸움에서 지면, 그대로 게임에서 지는 거고 한 번 더 도전해 홈런을 치면, 그 게임은 역전도 할 수 있는 겁니다. 즉, 마음을 다시 한번 다잡으라는 말씀입니다.

제가 이렇게 말씀드리면 분명 어떤 분은 "저는 진짜 아무 스펙도 없고 제가 할 수 있는 게 아무것도 없는데요?"라고 묻는 분들도 꽤 있을 겁니다. 그런 분들도 당장은 어려울 수 있겠지만 방법을 찾아 단계적으로 노력하면 취업할 수 있습니다. 〈취업의 신 자소서 혁명〉이라는 책의 저자인 박장호 작가님도 지방 사립대 출신에 토익점수 235점, 학점 3.2의 스펙으로 대기업, 공기업, 외국계 기업 모두에 합격했다고 합니다. 취업준비생 시절 박장호 작가님은 서류 탈락만 500번, 면접 탈락만 100번이나 했다고 합니다. 그러나 포기하지 않고 본인만의 방법과 전략을 찾아 결국 줄줄이 합격이라는 결과를 만들어 낼 수 있었습니다.

그러니 그런 생각할 시간에 취업이라는 목표를 달성하기 위해 어떤 계획과 전략을 세울지 고민해보면 좋을 것입니다. 이제 더 이상 단순히 스펙이 취업의 전부인 시대는 지났습니다. 스펙은 기업에서 요구하는 최소한의 요건만 맞춰 주면 됩니다. 그 이상을 준비할 필요는 없습니다. 그리고 이 책을 보는 취업 준비생들은 대다수 공공기관 취업을 준비합니다. 공공기관 채용은 블라인드 방식으로 채

하나.
취업 전의 마인드 점검하기

용하기에 스펙이 더더욱 필요하지 않습니다. 만약 아직까지도 토익 점수에 대한 욕심으로 토익 책을 손에서 놓지 못하거나, 컴퓨터 자격증 하나라도 더 따려고 매달린다면 그만두시길 바랍니다. 그리고 컴퓨터를 켜 본인이 가고 싶은 공공기관 홈페이지와 채용 공고를 살펴봅니다. 본인이 가고 싶은 공공기관에 취업한 선배가 있다면 카카오톡으로 채용 관련한 질문을 해봅니다. 단순 스펙보다는 회사와 직무에 대한 이해를 높이려는 실질적인 노력이 필요한 시점입니다.

야구 경기에서도 9회 말 투아웃 상황이면 어떻게든 이기기 위해 새로운 전략과 방법을 시도할 것입니다. 기존에 했던 방법으로는 앞선 이닝(회)에서 점수를 획득하지 못했기 때문입니다.

취업도 남들이 하는 평범한 방법으로 계속 시도한다면, 수많은 지원자들 그저 그런 평범한 지원자로 남을 수 있습니다. 서류, 필기, 면접 등 취업의 모든 전형에서 왜 내가 다른 지원자보다 나은지를 조금이라도 더 보여주지 못한다면 불합격이라는 결과를 얻을 것은 불 보듯 뻔합니다. 그러니까 내가 더 이상 물러날 곳이 없다고 생각하고 부딪히세요. 저도 대학 시절 취업 준비할 때부터 항상 차별화를 중점적으로 생각하며 준비해왔습니다. 그리고 실제 서류나 면접을 보면서 저만의 방법으로 데이터화했습니다. 그 결과 합격의 공식까지는 아니지만, 합격률을 높일 수 있는 저만의 노하우를 만들어 낼 수 있었습니다. 이것을 저는 '취업 와일드카드'라고 부르고 싶습니다. 여러분들도 이 책을 읽어 가며 본인만의 와일드카드를 만들어 냈으면 좋겠습니다.

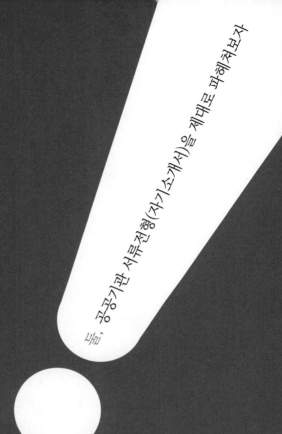

공공기관 서류전형(자기소개서)을 제대로 파헤쳐보자

넷

공공기관 자기소개서는 어떤 방향으로 써야 할까

1장에서 취업 전 마인드와 관련한 다양한 이야기를 했다면 2장부터는 본격적으로 공공기관 합격을 위한 중요한 이야기를 해볼까 합니다.

가장 먼저 '공공기관 자기소개서는 어떤 방향으로 써야 할까'라는 질문에 답해보고자 합니다. 공공기관 자기소개서는 사기업의 자기소개서와 분명 다릅니다. 지원해 보시면 알게 됩니다. 우선 설립 주체가 다르지요. 공공기관은 국민을 위해 국민의 세금으로 설립된 기업입니다. 반면 사기업은 개인/법인이 자본금을 출자하여 설립된 기업입니다. 그렇기에 공공기관은 국민의 세금을 효율적으로 사용하는 것이 관건이며, 사기업은 영업/마케팅/연구 활동을 통해 부가가치를 창출해야 합니다. 근본적으로 다릅니다. 그리고 이 부분에 대해서는 누구나 알고 있는 내용일 것입니다.

또한, 공공기관 자기소개서는 2015년에 등장한 NCS(국가직무능력표준)[1]에 근거하여 자기소개서 질문 문항이 만들어집니다. 사실 NCS

1 NCS에 대해 추가적인 내용이 궁금하신 분들은 www.ncs.go.kr을 참고해 주세요.

가 처음 세상에 나왔을 때 말이 많았습니다. 과연 '모든 직무를 NCS 로 설명할 수 있느냐'부터 시작해서 '너무 획일화된 내용 아니냐'라는 말까지 아무튼 말이 많았습니다. 하지만, 거듭된 직무에 대한 연구와 내용 수정을 통해 지금은 공공기관 직무 관련한 길잡이가 되었습니다. 저도 제가 잘 모르는 직무가 있는 경우 종종 NCS 사이트를 참고합니다.

회사 생활을 하며 가장 중요한 역량이 무엇이라고 생각하시나요? 사람마다 다르겠지만 제가 생각하는 역량은 '의사소통역량'이 아닐까 생각합니다. 동료들 혹은 외부의 직무와 관련된 사람들과 소통하고 일을 처리해야 합니다. 제대로 된 소통이 되지 않는다면 일은 제대로 처리되지 않습니다. 제 경험상으로도 그렇습니다. 그리고 이러한 부분은 공공기관 자기소개서 단골 질문사항으로 등장합니다.

"살아오면서 다른 사람들과 소통과 협력을 통해 문제를 해결한 경험이 있습니까? 그 과정과 결과를 함께 포함하여 설명해 주세요"라는 질문입니다. 실제 이러한 질문은 공공기관의 자기소개서 질문으로 많이 등장했습니다. '의사소통능력'을 묻는 질문 외에도 '문제해결능력', '조직이해능력', '직업윤리' 등 무려 10가지나 되는 국가직무능력표준이 있습니다. 모든 질문사항은 이 10가지 범주를 벗어나지 않습니다. 간혹 조금 어려운 질문을 하는 공공기관도 있으나, 그러한 기관은 예외로 두겠습니다.

그럼 어느 정도 자기소개서를 어떤 기준과 방향으로 작성해야 하는지 감은 잡힐 겁니다. 국가직무능력표준에 기반하여, 본인의 경험을 질문 의도에 맞게 작성하면 됩니다. 질문과 거리가 먼 자기소개서를 쓰면 당연히 탈락이겠죠. 이는 사기업도 마찬가지입니다. 자기소개서는 항상 질문에 맞는 내용을 답변으로 작성해야 합니다. 실제로 자기소개서 평가 기준에 이러한 내용이 있는 것으로 알고 있습니다.

그래서 어느 정도 자기소개서를 작성해 본 사람은 알겠지만, 자신의 경험을 도식화하는 것이 향후 작성하는 데 도움이 됩니다. 도식화(마인드 맵)는 대학시절부터의 지식, 경력(경험) 사항을 쭉 시간의 순서대로 나열하며 정리하는 것입니다. 이렇게 정리하고 자기소개서를 작성하면 한결 쉽습니다.

그리고 공공기관의 경우 학교/직업 교육사항을 적는 경우가 있습니다. 이때 본인이 지원한 직무(행정직. 기술직. 기타직 등)에 맞는 교육사항을 적어주면 됩니다. 학교교육이든 직업교육이든 작성하면 됩니다. 교육사항은 기관마다 다르지만 가점이 있는 경우도 있습니다. 보통 인문사회계열의 경우 사회복지, 경영학, 행정학 과목이 그렇고 이공계의 경우에는 전기공학, 기계공학, 토목공학 등 공과계열 관련 과목들입니다.

제가 느낀 바로는 공공기관 자기소개서 문항이 사기업보다 쉬운 경우가 많습니다. 공공기관에 블라인드 채용방식이 도입된 이후 NCS 기반으로 질문들이 바뀌었기 때문입니다. 그래서 어느 정도 공공기관 자기소개서를 써본 취업 준비생분들은 어느 정도 제가 하는 말을 이해하실 겁니다. 즉, 자기소개서 질문의 틀이 어느 정도 유형화되어 있다는 것입니다. 그래서 자기소개서 쓰는 방법을 알아두면 공공기관 서류전형에서는 거의 불합격하지 않게 됩니다. 자기소개서에 대한 자세한 내용은 다음 장에서 설명하도록 하겠습니다.

이제 소제목은 선택이 아닌 필수

공기관에서 근무하는 사람들은 대체로 어떤 성향을 가지고 있을까요? 공무원은 아닌데 공무원과 비슷할 것 같지 않나요? 공공기관 직원들도 분명 국민의 세금으로 먹고사는 사람들입니다. 공공기관 직원이 되면 중앙 부처(기재부, 중기부 등) 공무원들과 함께 협력하며 일해야 하는 경우가 많습니다. 상위 부처에 그분들이 근무하고 있기 때문이지요. 예를 들어, 중소벤처기업부에 공무원 시험을 통해 뽑힌 국가직 공무원들이 근무하고 있습니다. 그 산하 기관인 중소벤처기업진흥공단의 직원들은 공채 시험을 통해 입사한 공공기관 직원입니다. 공무원은 아닙니다. 국회에서 받은 사업 예산을 중소벤처기업부가 중소벤처기업진흥공단에 위탁하여 대신 수행합니다. 위탁은 직접 해야 할 일을 다른 곳에 맡긴다는 뜻입니다. 중앙정부처가 모든 일을 할 수 없기에 공공기관에 위탁하여 대신하게 하는 것이죠. 다른 공공기관들도 마찬가지이며, 결국 공무원과 공공기관 직원의 업무 시스템이나 성향이 비슷하다는 걸 의미합니다. 다만, 부처마다 차이가 일부는 있을 수 있습니다.

그럼 공공기관 직원들은 어떻게 일할까요? 문서로 시작해서 문서로 끝난다고 해도 과언이 아닙니다. 이 말은 곧 작성하는 문서에 상당히 민감하다는 뜻입니다. 사기업도 문서에 민감하지만, 공공기관이 더 민감하다고 생각합니다. 상당히 많은 양의 문서를 작성하고 처리하고 있는데 모든 것이 국민과 관련이 있는 일들이기 때문입니다.

이러한 내용을 알고 있었다면, 자기소개서도 이러한 부분을 중점으로 하고 써야 한다는 것을 알 수 있습니다. 신입사원이기에 직무 전문성에 대한 내용을 원하진 않지만, 인사 담당자가 알아보기 좋게, 깔끔하게 문장을 쓰는 것이 중요합니다. 그리고 그러한 내용을 완성하게 만드는 것은 바로 '소제목'입니다. 저는 과거부터 지금까지 일부 자기소개서를 제외하고는 소제목을 안 쓴 적이 거의 없습니다. 소제목은 자기소개서에 임팩트를 줄 수 있어 인사담당자의 주목을 받을 수 있기 때문이었습니다. 다른 사람들과 나를 차별화할 수 있는 것이 소제목이었습니다. 인사담당자는 자기소개서를 다 읽을 시간이 없습니다. 그럼 어느 정도 걸러진 자기소개서를 읽는다는 이야기입니다. 처음에 걸러지지 않기 위해서는 자기소개서를 어느 정도 눈에 띄게 써야겠죠. 그래서 저는 이 부분을 중점적으로 두고 늘 자기소개서를 작성했습니다. 그래서 웬만하면 서류전형(자기소개서)에서 불합격하는 일은 없었습니다.

그러면 소제목은 어떻게 작성하는 게 좋을까요? 두 가지를 말씀드리고 싶습니다. 첫째, 하위 내용을 전반적으로 포괄하되 주목받을 수 있는 문구로 작성해야 합니다. 여기서 주목받게 작성하라는 것은 하위 내용을 요약해서 작성하되 너무 뻔한 느낌의 제목으로 작성하지 말라는 뜻입니다. 예를 들어, A라는 지원자가 자신이 성공한 경험을 작성하고자 합니다. "성공을 통해 배운 점"이라는 소제목과 "150% 목표 달성과 협력을 배우다"라는 제목이 있다고 합시다. 어떤 제목이 더 눈이 가나요? 당연히 후자일 것입니다. 그러나 당장 이러한 제목이 써지진 않을 겁니다. 소제목도 어느 정도 작성 연습을 해본 사람이 더 임팩트 있게 쓸 수 있습니다. 그러니 지금부터라도 내용을 요약하는 연습과 키워드 중심의 짧은 글을 써보는 연습을 하는 것이 중요합니다. 똑같은 내용일지라도 소제목의 여부와, 그를 어떻게 작성하느냐에 따라 분명 결과는 다르다라는 말씀을 드리고 싶습니다. 주의할 점은 소제목 필히 하위 내용을 포함해야 한다는 점입니다. 소제목과 내용이 아예 다르면 처음에 호감으로 글을 읽지만, 결국 읽는 사람으로 하여금 신뢰를 주지 못합니다. 소제목과 내용이 일치하지 않기 때문입니다. 그러니까 하위 내용에 맞는 소제목을 작성해야 합니다.

둘째, 사실에 근거하되 구체적으로 작성합니다. 너무 포부처럼 적는 소제목은 별 의미가 없습니다. 실제 사실에 근거하여 읽는 사람이 머릿속으로 그림을 그릴 수 있도록 작성하는 것이 좋습니다. "150바인더의 서류를 스캔 완료하다"와 "꼼꼼한 일처리로 목표를 완수하다"라는 소제목이 있다고 예를 들어보겠습니다. 여러분들은 어떤 소제목이 더 눈에 들어오나요. 이번에는 전자입니다. 후자의 소제목은 명확하지 않습니다. '꼼꼼함'의 의미가 어느 정도일지 감이 잡히지 않습니다. 목표를 완수했다는 내용도 어느 정도 수준으로 달성했는지 명확하게 보여주지 못했습니다. 그러면 인사 담당자의 입장에서 경험이 사실인지 아닌지 의문이 가기 시작합니다. 그렇기 때문에 소제목은 숫자나 근거가 될 만한 자료를 바탕으로 구체적으로 작성해야 신뢰를 줄 수 있습니다. 앞서 말씀드린 150바인더라는 성과는 아주 정확하진 않더라도 그정도는 했다는 점을 어필하면 됩니다. 즉 적당한 과장은 괜찮다는 말씀입니다. 본인이 하지도 않았는데 부풀려 작성한다면, 그건 거짓말이 됩니다. 자기소개서를 작성할 때 어느 정도 과장해서 어필은 가능해도 자신을 속여 가면서까지 자기소개서를 작성할 필요는 없습니다. 소제목을 포함한 자기소개서를 작성할 때 이 두 가지를 명심해 주시면 좋겠습니다.

자기소개서 절대 이렇게는 쓰지 마세요

그러면 탈락의 지름길로 가는 자기소개서는 어떤 자기소개서일까요? 어느 정도 감을 잡고 있는 분들도 있을 겁니다. 취업의 첫 단계인 자기소개서에서 많은 탈락을 겪어보셨거나 전문가에게 자기소개서 첨삭을 받아 보셨던 분들은 예측이 되실 겁니다. 대표적인 것을 몇 가지 말씀드려 보겠습니다. 블로그를 통해 다른 분들의 자기소개서를 무료로 첨삭도 해드리고, 지금까지 취업 준비를 하며 쌓아온 취업 데이터를 근거로 말씀드립니다.

첫째, 단어, 문장 등의 중복입니다. 앞서 말했듯 공공기관의 인사 담당자는 담백한 글을 좋아합니다. 비슷한 내용이 반복된다면 읽기 싫을 겁니다. 지원자들이 가장 많이 실수하는 부분이 저, 제가라는 1인칭 주어를 쓰는 것입니다. 서류를 검토하는 인사 담당자 입장에서 지원자인 것을 이미 다 알고 있습니다. 그렇기 때문에 굳이 저, 제가, 저는 이라는 말을 반복해서 쓸 이유가 없습니다. 자기소개서에 이런 말을 빼면 어색하다고 하시는 분들이 계신데요, 그런 말을 빼서 어색한 게 아니라 전체적인 문장 자체가 어색해서 그런 겁니다. 필요 없는 단어로 소중한 자기소개서 글자를 채우지 마세요.

둘째, 비문(잘못된 문장)으로 쓰는 경우입니다. 비문에는 단어나 주어, 술어 관계가 어색한 것도 있고, 문장의 호흡이 긴 경우도 있습니다. 문장의 호흡이 긴 경우는 문장이 3줄 이상을 넘어가게 긴 경우입니다. 문장이 길면 읽는 사람 입장에서 핵심 내용이 무엇인지 바로 파악하기가 어렵습니다. 자기소개서의 문장은 최대한 짧게 작성하세요. 길어야 2줄 정도가 적당합니다. 주어와 서술어 관계가 명확한 단문이 가장 좋습니다. 그러면 글이 너무 딱딱하게 보이지 않겠냐고 질문하실 겁니다. 절대 그렇지 않습니다. 글이 편하게 술술 읽히는 마법을 경험하게 되실 겁니다. 단문으로 쓰는 것이 어려운 취업 준비생분들은 책을 읽고 요약하는 연습을 미리 하면 좋습니다.

셋째, 내용이 구체적이지 않은 자기소개서입니다. 특히 이러한 부분은 본인의 경험을 설명하거나 입사 후 포부를 작성할 때 나타납니다. 앞의 두 개도 중요하지만 내용을 구체적으로 작성하는 것도 매우 중요합니다. 단순히 입사 후 열심히 하는 직원이 되겠습니다.라는 말과 입사 후 1년간 직무 플랜을 짜고 동료 및 선배들과 소통하며 일하겠다는 말이 어떻게 다가오시나요? 후자의 내용이 일할 준비가 되어 있는 지원자로 다가올 겁니다. 앞서 말씀드렸듯 자기소개서는 거짓말을 하지 않는 선에서 최대한 구체적으로 작성해야 합니다. 그리고 자기소개서를 쓰는 과정에 충분히 설명해야 할 부분을 빠뜨리는 경우도 꽤 있습니다. 이것은 육하원칙을 제대로 지키지 않아서 생긴 문제입니다. 에피소드를 설명했는데 일부 내용이 빠져 있으면 본인은 전반적인 스토리를 알고 있으니 상관없지만, 처음 그 글을 읽는 사람은 그렇지 않습니다. 분명 읽다가 왜 이렇게 갑자기 전개되었지? 하고 이해가 되지 않는 부분이 발생합니다. 그러면 합격 자기소개서로 선택되기는 어려울 수 있습니다.

넷째, 자기소개서 질문에 맞지 않는 엉뚱한 답을 쓰는 경우입니다(동문서답). 이 부분도 많은 취업 준비생들이 간과하는 부분이며 면접에서도 마찬가지입니다. 질문에 맞지 않는 답을 쓰는 경우는 필기시험으로 말하면 그 문제는 틀린 겁니다. 포부를 쓰라고 했는데 지원 동기를 쓰는 것과 같은 것이죠. 저는 그래서 자기소개서를 처음 쓸 때 질문을 못해도 10번 의미를 곱씹으며 읽어봅니다. 특히 잘 이해가 되지 않는 질문은 더 읽습니다. 인터넷에 검색을 통해 찾아보기도 합니다. 그렇게 해서 질문 의도를 제대로 파악하고 난 후, 자기소개서를 씁니다. 자기소개서 질문 중에는 답하기 쉬운 질문도 있는데 간혹 어려운 질문도 있기 때문입니다. 그런 질문에 제대로 써야 서류 전형에 합격할 수 있을 겁니다. 물론 지원자가 자기소개서를 직접 많이 써보고 부딪히며 이해할 수도 있습니다. 그래도 이 책을 읽고 쓰신다면 합격 확률을 더 높일 수 있을 것입니다. 합격, 불합격을 해보며 나름의 노하우를 터득하였고 그 경험을 근거로 말씀드리는 것이기 때문입니다. 잘 모르는 부분이 있는 경우 제 개인 블로그에 댓글을 남겨주시면 차근차근 알려드리겠습니다. 분명 이 책을 쓴 목적이 저와 같은 MZ세대 취업 준비생들의 취업에 조금이나마 도움이 되었으면 하는 마음에서 이 책을 썼기 때문입니다.

자기소개서 쓰실 때 제가 말씀드린 네 가지 만큼은 주의해서 쓰시면 좋은 결과가 있을 거라 생각합니다.

한 끗 차이가 자기소개서 합격을 좌우한다

<big>인</big>사 담당자는 하루에도 많게는 수백 개의 자기소개서를 보게 됩니다. 그래서 업무의 효율을 높이고자 인사 담당자 입장에서 자기소개서를 평가하는 나름대로의 기준이 있습니다. 어떠한 차이가 합격과 불합격을 결정짓는 요소일까요? 오차는 있겠지만, 몇 가지는 자기소개서를 쓰기 전 꼭 알고 계셔야 한다고 생각합니다.

먼저, 오타 여부입니다. 다른 자기소개서 관련 책에서도 보셨겠지만, 이 책에서 한 번 더 강조 드리고 싶습니다. 오타는 읽는 사람으로 하여금 신뢰도를 떨어뜨립니다. 그러니 자기소개서를 다 쓰셨다고 바로 제출하지 마시고 전반적으로 한 번 더 검토해 주면 좋습니다. 문장의 주술관계, 문장의 호흡, 단어 등 전반적으로 검토 및 수정해 주세요. 분명 한창 쓸 때 보이지 않았던 문제들이 다시 보면 보일 겁니다. 특히 다른 기관에 지원했던 자기소개서를 그대로 붙여넣기 해 다른 기관 이름이 들어간 자기소개서를 제출하는 불상사가 발생하지 않도록 주의 하십시요.

둘째, 경력이나 경험, 자격증 등을 기입하실 땐 시간순으로 작성해 주세요. 가장 최근 경력, 경험을 맨 위에 작성하고 그 밑에부터 시간순으로 작성하면 됩니다. 별거 아니라고 생각하겠지만 인사 담당자는 이걸 갖고도 지원자를 평가할 수 있습니다. 시간이 없다는 핑계는 잠시 접어 두길 바라겠습니다.

셋째, 최소 며칠 정도 시간적인 여유를 갖고 작성해 주세요. 미리 채용사이트에 들어가 채용공고를 확인하고 계획을 세워 자기소개서를 작성하면 질문에 대한 답변을 생각해 볼 시간을 가질 수 있습니다. 그렇게 하면 합격 확률이 높은 자기소개서를 제출할 수 있습니다. 급하게 쓴 자기소개서는 어떻게든 티가 나게 됩니다. 인사 담당자는 그러한 부분을 귀신같이 파악합니다. 그러니 제출 마감일 최소 1~2주일 전부터 미리 작성하는 게 좋습니다. 자기소개서는 제출했다고 끝이 아니라 면접에서도 활용되므로 이 점을 고려하여 작성하면 더욱 좋습니다.

넷째, 질문에 맞게 작성하되 천편일률적인 경험은 작성하지 마세요. 친구와 이야기를 한다고 가정합시다. 주제는 어제 본 영화입니다. 친구가 어제 재미있는 영화를 봤다며 막 이야기합니다. 말은 안 했지만 이미 본 영화이고 내용을 너무 잘 알고 있습니다. 과연 그 이야기가 재미있을까요? 전혀 재미있지 않을 것입니다. 자기소개서도 마찬가지입니다. 어디서 한번쯤은 들어 본 일반적인 이야기를 하면 인사 담당자의 눈에 들기가 어렵습니다. 대표적으로는 군생활 경험, 학과 대표 경험, 대학교 동아리 경험 등이 있습니다. 여기에 덧붙일만한 특별한 경험이 있다면 일부 써볼 수 있겠지만, 누구나 한 번쯤은 해보는 경험이라 크게 의미가 없습니다.

다섯째, 직접 쓴 자기소개서를 셀프 피드백하세요. 일반적인 지원자라면 어떤 기업에 자기소개서를 제출했다면 다시 볼일이 거의 없을 겁니다. 다 작성했다는 안도감에 컴퓨터를 끄고 한숨 잘 것입니다. 이제는 그렇게 하지 마시고 나중에 결과가 나왔을 때 합격이든 불합격이든 스스로 피드백 해보세요. 만약 합격했다면 이런 부분을 잘했기에 합격했을 거야, 불합격했다면 어떤 부분이 부족했을까? 하고 말입니다. 이러한 과정이 중요한 이유는 나중에 다른 기관에 지원할 때 똑같은 실수를 반복하지 않고 자기소개서 합격 확률을 높이기 위함입니다.

저는 한창 취업준비할 때 지원한 기관별 자기소개서를 USB에 담아 별도로 모아뒀습니다. 지금도 그 USB는 잘 갖고 있습니다. 그렇게 자기소개서를 쓸 때마다 백업 한 이유는 취업 이력을 기업과 기간별로 파악할 수 있어 다른 공공기관에 지원할 때 참고할 수 있기 때문입니다. 또한, 정리해두면 나중에 다른 기업 자기소개서를 쓸 때 시간을 절약할 수 있습니다. 질문의 형식은 다를 수 있지만 그 맥락은 같기 때문입니다. 이렇게 하여 자기소개서에 공들이는 시간을 절약할 수 있었고, 필기시험 준비하는데 시간을 사용할 수 있었습니다. 그러니 앞으로 공공기관에 지원할 때는 나만의 자료를 필히 만들어두고 필요할 때 사용하시기 바랍니다. 합격이든 불합격이든 당장 결과는 중요하지 않습니다. 그리고 정리만 하진 말고 시간 될 때 작성한 자기소개서를 스스로 검토해 보세요. 나 자신에 대해 다시 한번 생각해 볼 수 있는 좋은 기회이며, 그런 부분도 다른 지원자와 차별화된 뭔가를 만들어낼 것입니다.

실제 자기소개서 문항 분석
2021년 상반기 한국〇〇공사 행정사무

이번 장에서는 실제 자기소개서 문항을 분석해 보고 어떤 방향으로 쓰면 합격 확률을 높일 수 있는지 말씀드리도록 하겠습니다. 제가 가져온 자기소개서 문항은 '한국〇〇공사' 21년 상반기 자기소개서 문항입니다.

알리오에서 채용공고를 보니 '한국〇〇공사'는 상반기 행정사무 직렬로 총 5명을 모집하였습니다. 자기소개서 합격은 적합/부적합으로 되어 있습니다. 글자 수 기준 채우고 질문에 맞는 적절한 답변이 있으면 누구나 합격시켜 준다는 뜻입니다. 공공기관에 블라인드채용 방식이 전격 도입되면서 많은 공공기관들이 서류에서 몇 배수로 거르지 않고 자기소개서를 평가하고 있습니다. 그렇다고 해서 자기소개서를 소홀히 해도 되냐? 절대 아닙니다. 자기소개서 기반으로 하여 추후 1차, 2차 면접에서 질문을 받게 됩니다. 면접까지 생각하며 신중하게 작성할 필요가 있습니다.

그럼 본격적으로 자기소개서 문항에 대해 분석해 보겠습니다. 첫 번째 문항입니다. 우선 글자수는 1000자 제한입니다. 한 가지 경험(사례)으로 1000자를 작성할 수도 있겠지만 2개의 이야기로 소제목을 달아 500자씩 작성해도 좋습니다. 지원자분의 경험/경력에 맞춰 작성하면 됩니다.

1번 문항

지원분야의 관련 직무를 수행한 경력 또는 경험 중 대표적인 것에 대하여 기술해 주십시오.(경력은 금전적 보수를 받고 일정 기간 근무했던 이력을 말하며, 경험은 금전적 보수가 없는 직업 외적인 활동, 즉 산학협력, 팀 프로젝트, 동아리/동호회, 재능기부 등 다양한 활동을 말함. 경력을 기술할 경우 구체적인 직무영역, 활동/경험/수행 내용, 본인의 역할 및 구체적인 행동, 주요성과에 대하여 작성해 주시고, 경험을 기술할 경우 구체적으로 본인의 학교교육 또는 직업교육 등 학습경험 혹은 수행한 활동 내용, 소속 조직이나 활동에서의 역할, 활동결과에 대해 작성해주시기 바랍니다. (최대 1000자 이내)

경험과 경력으로 나누어 작성하라고 했습니다. 또한 중간에 구체적으로 작성하라는 얘기도 보이네요. 제가 앞부분에서 강조해서 말씀드렸던 부분입니다.

행정사무 직렬과 관련한 경험/경력을 입력 할 때는 다양한 경험/경력 중 가장 관련성이 있는 것을 작성하면 됩니다.

지원자들마다 다양한 경험이 있으실 겁니다. 단순 경험을 나열하는 것에서 그치는 것이 아닌 구체적인 상황 설명, 그에 대한 결과, 느낀 점 등을 함께 작성하고 '한국ㅇㅇ공사'에 입사한 후 목표, 포부까지 함께 보여주면 좋습니다. 예시로 한번 알아보겠습니다.

예시 ㅇㅇ기관 총무팀에서 인턴으로 근무하며, 창고에 있는 많은 기록물들을 정리했던 적이 있습니다. 기록물은 ㅇㅇ기관의 중요한 자료였습니다. 단순 정리하는 것이 아니라, 기록물을 날짜 순서, 연구/비연구 자료 등의 기준으로 분류해서 정리해야 했습니다. 기록물 양이 상당해 어디서부터 일해야 할지 감이 잡히지 않았습니다. 그래도 시작이 반이라는 말이 있듯, 페이지가 얼마 되지 않는 문서부터 정리하기 시작했습니다. 조금씩 집중해서 정리를 시작해나갔고, 일에 손에 익으니 속도가 붙기 시작했습니다. 중간부터는 다른 동료분들도 조금씩 도와주셔서, 더 빨리 진행할 수 있었습니다. 1차 정리를 한 후에는 라벨링 작업을 통해 어떤 문서가 어디 있는지 알아볼 수 있게끔 구분했습니다. 라벨링을 마친 후에는 목록화 작업(엑셀 정리)을 했습니다. 언제 어디서든 편리하게 찾을 수 있게끔 만든 것이었습니다. 이 일을 통해 처음엔 어려워 보이는 일이라도, 차근차근 목표와 계획을 세워 일한다면 좋은 결과를 낼 수 있다는 것을 깨달았습니다. '한국○○공사'에 입사해서도 이러한 경험을 바탕으로 맡은 직무를 수행하도록 하겠습니다.

어떻게 느껴지시나요? 내용이 좀 편하게 읽히지 않나요? 술술 읽히지 않는 자기소개서는 좋은 자기소개서가 아닙니다. 참고해 주세요. 다음으로 2번 문항입니다.

2번 문항

최근 5년간 지원 분야에 필요한 직무능력과 전문성을 향상시키기 위해 어떻게 노력했는지 사례를 중심으로 기술해 주십시오. (최대 500자)

2번 문항은 지원 분야(행정사무)에 대한 직무 관심도를 보여주는 경험/경력을 적으면 됩니다. 전문성이라는 말은 크게 신경 안 쓰셔도 됩니다. 말이 전문성이지 신입사원에게 거창한 경험을 요구하지는 않습니다. 행정사무 직무를 잘 수행하기 위해 어떤 노력을 해왔는지 학교교육, 대외활동, 직업교육, 인턴 등 다양한 경험/경력 중 하나를 골라 작성하시면 됩니다.

만약 본인의 지원 분야가 행정사무가 아닌 기술(IT, 건축, 전기)쪽이라면 그와 맞는 경험/경력을 적으면 됩니다. 단순히 사실을 나열하지 말고 본인은 어떤 역할을 했고, 결과는 어땠는지 구체적이되 육하원칙에 맞게 작성하는 것이 중요합니다. 예시로 한번 알아보겠습니다.

예시 지원 분야와 관련한 지식과 경험을 쌓았습니다. 대학교에서 경영학을 전공하며 기본적인 직무 관련 지식을 쌓았습니다. 특히 '경영실습'이라는 과목을 이수했는데, 실제 기업을 분석해 보는 과제가 있어 회사 및 직무 분석에 도움이 되었습니다. 졸업 후에는 '○○ 기관'에서 인턴을 하며 보고서 작성, 업무 계획서 작성, 주간업무 회의 준비 등의 업무 등을 수행하였습니다. 그 과정에서 한글, 엑셀 등의 소프트웨어 등을 활용하는 역량을 한 단계 높일 수 있었습니다. 틈틈이 시간 날 때는 직무 관련 공부도 했습니다. 그래서 한 달 뒤에 '○○자격증' 시험을 볼 계획입니다.

'한국○○공사'에 입사해서도, 직무 역량을 지속적으로 향상시키는 나날이 발전하는 직원이 될 것을 약속드립니다.

 3번 문항

최근 5년간 본인이 경험한 가장 어려웠던 일을 기술하고 이후의 과정과 결과에 대해 기술해 주십시오. (최대 500자 이하)

3번 문항이 조금 어려울 수 있습니다. 사람마다 가장 어려웠던 일이 있을 수도 있고 없을 수도 있습니다. 주의할 점은 너무 사적인 일을 내용으로 작성하면 안 된다는 점입니다. 이 부분은 다른 사람과의 갈등과 그것을 극복하기 위한 노력, 그 결과와 관련한 사례를 작성하면 좋습니다. 보통 학교생활이나 직장생활을 할 때 과제나 일은 다른 사람과 함께 하는 경우가 많기 때문입니다. 다만, 이런 경우가 없다면 개인적으로 학교공부나 자격증 취득과정에서 어려웠던, 즉 지식 관련한 부분을 설명하는 방향으로 작성해도 나쁘지 않습니다. 지원자분들마다 경험이 다르므로 질문에 맞는 경험을 선택해서 작성하시면 됩니다. 포괄적인 질문이므로 꼭 행정사무와 관련한 경험일 필요는 없다는 점도 참고 해 주세요. 예시는 지원자분들께서 한 번 곰곰이 생각해 보시기 바랍니다. 분명 하나쯤은 관련한 경험이 있을 거라 생각합니다.

 4번 문항

우리 ○○공사의 기본역량인 "정도와 책임", "소통과 협력", "열정과 도전"과 관련한 한 가지를 선택, 본인의 역량과 관련해서 기술해 주십시오.(최대 500자 이하)

마지막 4번 문항입니다. 공사의 인재상을 하나 선택하고 그에 맞는 역량을 기술하는 문항입니다. 본인의 역량과 관련하여 기술하라는 말은 본인의 경험 중 '한국○○공사'의 인재상에 맞는 경험을 작성해 주면 되는 것입니다. 어떠한 사례든 상관없고 3가지 인재상과 부합하는 스토리면 좋습니다. 대신 남들이 다 할만한 뻔한 이야기이면 차별성이 조금 없겠지요? 최대한 본인만 할 수 있는 이야기로 구성하면 좋을 것으로 생각합니다. 그것이 직무와 관련한 이야기이면 더 좋습니다. 구체적인 예시로 알아보겠습니다. '소통과 협력'에 관련한 경험으로 작성했습니다.

예시 ○○모바일 스토어에서 일하며 고객만족을 달성한 경험이 있습니다. 주로 했던 일은 고객님을 응대하여 휴대폰 판매를 하는 일이었습니다. 고객님이 오면 제품에 대해 설명하고, 휴대폰 개통까지 도와드렸습니다.

어느 날 한 고객님께서 제게 와 휴대폰에 대해 이것저것 묻고 가셨습니다. 평소와 같이 친절하게 웃으며 인사드리고 제품에 대해 설명드렸습니다. 다음날 그 고객님께서는 다시 와 본인과 가족의 휴대폰 총 3개를 바꾸겠다고 하셨습니다. 그 말씀을 듣고 감사하다고 말씀드렸습니다. 그것이 가능했던 것은 고객님과 진심 어린 소통을 하려고 노력했기 때문이 아닐까 생각합니다. 먼저 다가가 고객님들의 니즈를 파악하고, 성심성의껏 설명드리니 그런 좋은 결과를 얻을 수 있었다고 생각합니다.

저는 소통과 협력의 자세는 회사에서 일할 때 매우 중요하다고 생각합니다. 결국, 회사일은 혼자 하는 것이 아니기 때문입니다. 신입사원으로써 소통과 협력의 가치를 바탕으로 맡은 직무를 매끄럽게 수행하는 직원이 될 것을 약속드립니다.

한국○○공사의 자기소개서 문항을 쭉 분석해 보았는데요, 자기소개서에 대한 감이 어느 정도 잡히시나요? 다음 장에서는 실제 정부출연연구기관 자기소개서 문항을 분석해 보겠습니다.

실제 자기소개서 문항 분석
2021년 한국○○연구원 채용 행정직

이번에는 과학기술계 정부출연연구기관인 한국○○연구원 자기소개서 문항을 분석해 보겠습니다. 정부출연연구기관(이하 정출연)은 인문사회, 과학기술의 연구 및 발전을 위해 정부에서 직접 자본금을 출자해 설립한 공공기관입니다. 정출연의 경우, 다른 공기업들과 달리 한 근무지에서 오래 일할 수 있고 연봉도 괜찮아서 많은 취업준비생들이 선망하는 기관이기도 합니다. 저도 총 4 군데 (정규직, 무기계약직) 정출연에서 일해 본 경험을 갖고 있습니다.

그럼 한국○○연구원 자기소개서 문항을 분석하고 어떻게 작성하면 되는지 말씀드리겠습니다. 우선 전체적으로 문항은 네 문항이며 글자 수는 800자씩 총 3,200자입니다. 조금은 분량이 있는 자기소개서라고 할 수 있습니다. 반대로 말하면, 자신의 이야기를 충분히 풀어서 쓸 수 있는 분량이기도 합니다.

1번 문항

한국ㅇㅇ연구원 및 응시분야(행정직)에 지원하게 된 동기에 대해 기술하십시오.(최대 800자 이내)

한국ㅇㅇ연구원 행정직에 지원하게 된 지원 동기에 대해 묻고 있습니다. 여기서 주의할 점은 지원 동기에서만 끝나지 말고 업무 계획 및 포부까지도 함께 작성해 주면 좋습니다. 다른 포스팅에서 말씀드렸듯 단문으로 핵심을 요약하여 두괄식으로 작성합니다. 한국ㅇㅇ연구원 홈페이지에 들어가서 기관의 비전, 사업전략, 보고서 등도 참고하여 왜 본인이 한국ㅇㅇ연구원에 들어오려고 하는지 연관 지을 수 있는 스토리라인을 짜는 것이 좋습니다. 단순히 정부출연연구기관 및 한국ㅇㅇ연구원에 관심이 있어 지원하였습니다.라고 하면 크게 메리트가 없을 것입니다. 고민해보시고, 본인만 말할 수 있는 지원 동기를 말하면 더욱 좋을 것입니다. 이때 잊어서는 안되는 게 지원직무가 행정직무라는 것입니다. 행정 직무와 관련된 경력/경험으로 관심을 표현하는 것이 좋습니다. (지원 직무가 기술 직무라면 그에 맞는 경험을 작성하면 됩니다) 지원자 입장에서 제일 좋은건 한국 ㅇㅇ연구원에서 행정인턴을 한 경우입니다. 아무래도 직접 근무하며 보고 배운 것들이 있어 자기소개서 쓰기가 다른 지원자보다는 수월할 것입니다. 그렇다고 해서 100% 메리트가 있는 것은 아니니, 너무 걱정하지 않으셔도 됩니다

예시는 이 책을 읽고 있는 독자 여러분께서 직접 생각해보시기 바랍니다. 한국ㅇㅇ공사 자기소개서 문항 분석에서 예시는 어느 정도 설명드렸습니다.

2번 문항

어떤 일을 하면서 목표를 분명하게 세우고 추진했던 경험에 대해 기술해 주십시오

● 먼저, 해당 사례를 육하원칙에 따라 한 문장으로 기술해 주십시오.

● 당시 달성하고자 했던 목표와 추진과정/결과, 느낀 점은 무엇인
지 기술해 주십시오. (최대 800자 이내)

다음으로 2번 문항입니다. 목표관리에 대해 묻는 질문입니다. 하위
요구 사항이 있습니다. 먼저 본인의 사례를 육하원칙에 따라 한 문
장으로 기술하라는 점입니다. 제가 앞서 반복해서 말씀드렸듯, 두
괄식으로 단문으로 작성하라는 점입니다. 이점을 꼭 유념해 주세
요.

먼저, 육하원칙에 맞춰 "~이러이러한 일이 있었습니다"라고 간
결하고 구체적으로 작성합니다. 그리고 추가적인 설명을 합니다.
어떤 목표를 세웠고, 실천과정, 결과 및 느낀 점까지 설명해야 합니
다. 마지막으로 향후 한국ㅇㅇ연구원에 입사하여 어떻게 일하겠다
는 포부를 간략히 작성해 줘도 좋습니다. 포부를 적으라고는 안 했
는데 포부를 작성해도 되나요? 라고 묻는 분들이 있습니다. 결론부
터 말씀드리면 크게 상관없습니다. 본인은 이러한 경험이 있고 입
사해서도 그렇게 할 계획이다. 라는 의지와 가능성을 보여주는 것
입니다. 충분한 어필을 하지 않는 평범한 자기소개서는 인사 담당
자의 눈길을 끌기 어렵다는 점 참고 바랍니다.

그리고 자기소개서를 작성할 때는 STAR기법을 활용하시면 됩
니다. 어디서 한 번쯤 들어본 분들도 있을 겁니다. STAR기법은
S(situation, 상황), T(Task, 과제), A(Action, 행동), R(Result, 결과)를 의미합니다.

즉 본인의 경험을 상황–주어진 과제–직접 취한 조치–그것에 대한 결과를 시간 순서로 작성하는 것입니다. STAR기법을 사용하여 자기소개서를 작성하면 누락된 부분 없이 깔끔하게 자기소개서를 작성할 수 있습니다.

 3번 문항

본인이 수집하고 정리한 정보(자료)를 활용하여 어떤 일을 쉽게 해결한 경험에 대해 기술해 주십시오.

- 먼저, 해당 사례를 육하원칙에 따라 한 문장으로 기술해 주십시오.
- 해당 정보를 어떻게 수집하고 활용했는지, 그리고 느낀 점은 무엇인지 기술해 주십시오. (최대 800자 입력가능)

3번 문항은 일을 할 때 자료관리(문서관리)를 어떤 식으로 하는지 물어보는 질문입니다. 질문 자체는 어려운 질문이 아닙니다. 2번과 마찬가지로 했던 경험을 STAR기법을 사용하여 구체적으로 작성합니다. 가장 베스트는 자료 정리 및 활용과 관련한 직접적인 경험이 있는 경우입니다. 만약 없다면 대학교 재학시절, 회사경력 등 유사한 경험을 생각해서 작성합니다. 기본적으로 자료 정리 및 활용 관련하여 꼼꼼한 태도, 문서관리 능력 등이 필요합니다. 기술적인 부분에서는 자료를 수집하고 정리하는 능력이 필요합니다. 즉, 컴퓨터 활용능력(엑셀, SPSS, 한글, PPT 등 소프트웨어 활용 능력)이 필요합니다. 이러한 부분을 유념하여 작성하면 좋습니다. 그리고 일을 쉽게 해결했다는 말은 결과는 어땠냐라고 묻는 것과 같은 말입니다.

이 부분을 작성할 때 효율적으로 마무리했다. 이런 식으로 작성은 금물입니다. 결과는 구체적인 목표, 달성도로 작성합니다. 다음은 간단한 예시입니다. 참고해 주세요.

예시 탁월한 문서 작성 및 관리 역량을 통해 인턴을 마칠 무렵 100개의 문서를 정리할 수 있었습니다.

 4번 문항

다른 사람들과 함께 어떤 일을 하면서 본인이 책임감을 갖고 임했던 경험에 대해 기술해 주십시오.

● 먼저, 해당 사례를 육하원칙에 따라 한 문장으로 기술해주십시오.
● 본인의 역할은 무엇인지, 책임감을 가진 이유는 무엇인지, 그리고 느낀 점은 무엇인지 기술해 주십시오(최대 800자 이내)

마지막 4번 문항입니다. 4번 문항은 다른 사람들과 소통과 협업이 잘 되는지를 묻는 질문입니다. 그리고 그 과정에서 맡은 역할에 최선을 다했는지도 함께 묻고 있습니다.

대학생활(과제, 공모전)이나 인턴, 아르바이트 등을 하며 다른 사람들과 함께 공동의 목표를 달성해 본 경험을 작성합니다. 위의 다른 문항과 마찬가지로 육하원칙에 따라 구체적이고 간결하게 작성합니다. 본인이 그 경험에서 어떤 역할을 했고, 왜 그 업무가 중요했는지, 다른 사람들과 협업은 어떻게 했는지. 최종적인 결과와 함께 느낀 점을 작성합니다. 결과는 성공이 아닌 실패의 경험도 좋습니다. 거기서 어떠한 가치를 배웠는지가 더 중요합니다.

마지막으로 포부도 간단히 작성합니다. 다음은 포부 예시입니다.

예시 ~한 경험을 바탕으로 소통, 협업을 통해 일을 문제 없이 처리하는 직원이 되겠습니다.

이렇게 한국○○연구원 자기소개서 문항을 분석해 보았는데요, 어느 정도 감이 오시나요? 감이 확실히 오시는 분도 있고 아닌 분들도 있을 겁니다. 감이 확실히 오시는 분들은 본인 자기소개서를 바로 작성해보시면 되고, 아닌 분들은 다음 장 실제 최종 합격 자기소개서를 읽고 작성하시면 됩니다. 다른 사람들에게 공개하려니 좀 부끄러운 마음도 있습니다만, 도움이 되길 바라는 마음에서 공개합니다.

두 기업의 자기소개서 문항을 보면 비슷하게 묻고 있다는 것을 알 수 있었을 것입니다. 공공기관의 경우 NCS를 기반으로 만들어지기 때문에 그렇습니다. 어떤 공공기관은 자기소개서 문항을 몇 년째 그대로 사용하는 기관들도 있습니다.

그래서 어느 정도 작성을 해본 분들은 나름 전략적으로 준비할 수 있는 겁니다. 자기소개서를 작성하는 시간이 점점 줄어들 것입니다. 그렇게 되면 서류 전형에 많은 시간을 투자하지 않고 필기시험이나, 면접에 더 많은 시간을 할애할 수 있는 것입니다.

저자의 실제 정부출연연구기관
최종 합격 자기소개서

저는 2017년 2월에 대학교(학부)를 졸업하고 3월 초에 정부출연연구기관 인턴으로 입사하여 약 2개월 정도 일을 했습니다. 그리고 인턴을 하며 지원했던 다른 정부출연연구기관에 정규직으로 최종 합격하여 그해 6월부터 다음 연도 4월 중순까지 다니게 되었습니다. 그 후 다른 정부출연연구기관에 운 좋게 이직을 하게 되어 다니게 되었는데요, 다른 사람들에 비해서 꽤 빨리 취업, 이직한 경우였습니다. 그럼 실제 합격 자기소개서 문항 분석(사례)을 통해 여러분들의 합격률을 높여드릴 수 있도록 하겠습니다. 합격 자기소개서의 경우 기관명은 〇〇으로 처리해서 말씀드리겠습니다. 내용에 더 집중해서 봐줬으면 하는 마음에서 〇〇으로 처리했습니다.

1번 문항

한국○○연구원에 지원한 동기는 무엇입니까? 한국○○연구원에서 구현하고 싶은 비전과 수행하길 원하는 직무는 무엇입니까?)

조세 및 재정 핵심기관, 한국○○연구원   한국○○연구원은 국민에게 가장 민감한 부분 중 하나인 조세와 국가의 가계부라고 할 수 있는 재정 부분에 대한 연구를 실시하는 국책연구기관입니다. 대학에서 경영학을 전공하면서 국내외 경영, 경제상황 및 각종 제도에 대해 관심을 갖고 공부를 했었습니다. 공부를 하면서 자연스럽게 한국○○ 연구원을 알게 되었고 관심을 갖게 되었습니다. 평소 전공과 관련한 공공기관에서 일하고 싶다는 생각을 했기 때문에 주저 없이 한국○○ 연구원에 지원하였습니다.

한국○○연구원에 입사하여 이루고 싶은 비전은 한국○○연구원이 국내뿐 아니라 세계적인 연구기관이 되도록 하는 것입니다. 이러한 원대한 비전을 이루기 위해서 다양한 직무를 경험하여 연구원에 대해 가장 잘 알고 있어야 합니다. 하지만 그중에서도 가장 밀접하고 중요하다고 생각하는 재무, 회계 업무를 맡아서 해보고 싶은 생각을 갖고 있습니다. 학교에 다닐 때, 재무, 회계 공부를 하면서 흥미를 가지고 공부했던 세부 분야였기 때문입니다. 또한 재무 회계 업무가 중요하다고 생각하는 이유는, 일반 기업, 연구기관에서 최종적인 회계(수납) 및 지출결의 처리는 재무, 회계실(팀)에서 이루어지기 때문입니다. 이러한 이유로 재무, 회계 분야에서 직무를 수행해보고 싶습니다.

1번 문항 분석입니다. 지원 동기와 구현하고 싶은 비전, 수행하길 원하는 직무를 묻고 있습니다. 이 세 가지는 반드시 포함해서 작성해야 합니다. 제가 답변한 내용에는 이 세 가지가 모두 포함됩니다. 그리고 내용을 읽을 때 술술 읽히도록 작성하였습니다. 비전은 살짝 과장되게 작성했습니다. 하지만 비전을 달성하기 위한 노력을 해보고 싶은 직무와 연결시켜 작성하였습니다. 이렇게 작성하면 허공에 뜨는 비전이 아닌 어떤 계획이 있어 보이게 됩니다. 왜 그 직무를 하고 싶은지도 부연 설명을 하여 제 의견을 뒷받침하였습니다. 글자 수 제한이 있어 그에 맞췄습니다. 전체적으로 내용이 엄청 특별하진 않게 보이지만, 논리적으로 작성하기 위한 노력을 했다고 느껴집니다.

 2번 문항

본인의 직무능력(직무 관련 지식 및 프로그램 활용 능력 등)에 대하여 기술해 주십시오.

직무의 내공을 쌓기 위해 노력하다 지원 직무와 관련하여 폭넓은 경영, 경제 지식을 쌓으려고 노력하였습니다. 전공뿐 아니라 학교 다니면서 신문스터디, 전문가 강연 등에 꾸준히 참여하여 관련한 다양한 지식을 쌓았고, 경영, 경제 인증시험인 매일경제 TEST에도 응시하여 '우수등급'을 받을 수 있었습니다. 또한 더 나아가 실무적인 자격증(전산회계, 회계관리 등)을 취득하였습니다. 앞으로도 꾸준한 자기계발(영어, 자격증)을 통해 직무 관련 역량을 향상시킬 계획에 있습니다. 또한 그렇게 긴 기간은 아니지만, 공공기관에서 일하며 사무업무에 대한 기본역량을 배우고 직무 역량을 강화할 수 있었습니다.

예를 들면, 문서 작성 방법입니다. 학교에 다니면서는 문서를 작성해야 할 일이 많지 않았지만, 일을 하면서 문서 작성의 중요성을 깨달았습니다. 공공기관을 포함한 모든 기업들은 문서를 통해서 업무가 처리되기 때문입니다. 많은 공문을 한글 및 엑셀 프로그램을 통해 작성하고 처리하면서 문서 작성 능력을 향상시킬 수 있었습니다. 또한 직무를 잘 수행하기 위해 다양한 내외부 법, 규정 등을 검색하고 공부하면서, 관련 규정들을 습득하였습니다. 제가 수행했었던 계약 업무와 관련하여서는 국가계약법, 기획재정부 계약 예규, 내부 계약시행지침 등 계약과 관련한 법, 규정이었습니다. 직무 관련 규정뿐 아니라 다른 여러 규정들(위임전결규정, 감사규정, 인사규정 등)에 대해서도 관심을 갖고 틈틈이 시간이 나면 습득하였습니다. 연구기관을 포함한 공공기관들은 규정과 절차에 따라서 일들이 진행되기 때문입니다. 따라서 한국○○연구원에 입사한다면, 내외부 규정 및 업무 처리 절차부터 습득할 수 있도록 노력할 것입니다.

2번 문항 분석입니다. 행정 직무와 관련한 본인의 역량을 보여달라고 합니다. 가감 없이 보여주되, 너무 지식과 경험을 나열하는 것은 금물입니다. 지원 직무와 관련하여 어떠한 교육을 받고 노력을 했는지 구체적으로 보여주는 것이 중요합니다. 그리고 공공기관 업무 경험을 녹여 '문서작성능력'을 강조했습니다. 문서작성능력은 NCS에서 정의한 능력단위입니다. 이 문서작성능력을 갖추기 위한 용어와 과정을 설명하여 인사 담당자로 하여금 제 자기소개서의 신뢰를 더했습니다. 마지막에 입사하여 이러한 부분을 습득하기 위해 노력하겠다라는 문구로 일하려는 의지를 보여주었습니다. 누누이 말씀드렸듯 자기소개서에 엄청나게 특별한 내용이 담긴다고 합격하는 것은 아닙니다. 내가 가진 것을 솔직하게 보여주고, 더 알아보고 싶은 지원자라는 생각이 들게끔 흥미를 유발해야 합니다. 그래야 자기소개서 합격 확률이 높아집니다.

 3번 문항

본인의 직무 관련 경력 · 경험사항에 대하여 기술해 주십시오.

연구기관의 중요한 업무, 계약업무   연구기관의 중요한 업무 중 하나를 또 꼽자면, 바로 '계약'이라고 생각합니다. 다양한 계약 행위를 통해 연구기관의 연구들이 차질 없이 진행될 수 있다고 생각합니다. '계약'중에서도 했던 업무는 전산 기기 및 차량 관련 임대차 계약과 용역 계약입니다. 임대차 계약은 연구기관의 각종 행사 및 업무 운영에 필요한 각종 기자재를 임차하는 계약입니다. 용역계약은 연구를 위해 필요한 각종 용역(설문조사, 행사, 연구)을 외부 기관들과 계약을 체결하여 용역이 연구에 도움이 될 수 있도록 하는 것입니다. '계약'업무는 주로 외부 기관 및 기업의 담당자들과 연락을 해야 될 일이 많습니다. 이러한 부분들은 스트레스가 될 수도 있었지만, 오히려 좋은 기회였습니다. 왜냐하면 다양한 사람들을 만나보고 경험해 볼 수 있었기 때문입니다. 그러한 과정에서 의사소통 방법 및 관련 역량을 쌓을 수 있었습니다.

주민센터의 든든한 조력자   집 근처 주민센터에서 근로 장학생으로 일을 했던 적이 있습니다. 하루는 9급 주무관님께서 이쪽 동네로 앞으로 인감이 많이 들어올 거라 인감 정리를 해야 한다고 말씀해주셨습니다. 즉 제대로 정리되지 않은 인감을 성별, 나이별로 다 빼서 다시 정리해야 하는 좀 복잡한 일이었습니다. 새로 들어올 인감이 앞으로 많기에 새로 정리하여 공간을 확보해야 했습니다. "처음엔 언제 다 빼서 다시 정리하지"라는 생각이 들었습니다. 하지만 요구하신 사항이므로 얼른 계획을 세워 깔끔하게 정리해야겠다는 생각이 들었습니다. 계획하면 바로 실천하는 성격이라 대안을 생각하였습니다. 먼저, 나이, 성별로 따로 분류하여 인감을 대형 책장에서 다 빼서 한곳에 정리해 놓았습니다. 그렇게 공간 확보 후 나이와 성별을 표시하는 종이를 책장에 새로 인쇄하여 깔끔하게 붙였습니다. 마지막으로 인감을 나이 성별 순서대로 깔끔하게 넣었습니다. 처음엔 빠른 시일 내에 다 못할 것이라 생각했지만 일의 순서를 정하고 노력한 결과 주어진 시간보다 약 2주 정도 더 빨리 일을 마무리할 수 있었습니다.

시간관리를 통해 목표를 달성하다 ○○회사 Translational Research 팀에서 자료보관실 자료 백업 및 파쇄 작업을 맡아 일을 했던 적이 있습니다. 일의 순서는 자료스캔→스캔확인(QC)→CD굽기→자료등록→자료 스티커 붙이기→자료 정리 및 파쇄였습니다. 일은 어렵지 않았으나 효율적으로 일을 하지 않으면 안 되는 상황이었습니다. 저는 스캔부터 최대한 마무리 하는 것으로 일의 기준을 정했습니다. 스캔이 가장 시간이 오래 걸리고 중요한 업무였기 때문이었습니다. 나머지는 시간이 많이 걸리지 않는 작업으로 판단했습니다. 자료별로 스캔을 하고 QC(Quality check)에 신경을 많이 썼습니다.

일을 하다 모르는 부분이 있으면 연구원님께 물어보고 일의 진행 상황을 수시로 말씀드렸습니다. 2월 말까지 최대한 자료를 백업해야 했기 때기에 시간을 절약하는 것도 매우 중요했습니다. 팀원들과 점심을 먹고 산책을 하는 잠깐의 시간을 빼고는 점심시간도 최대한 업무를 위해 활용했습니다. 노력의 결과, 약 300바인더의 서류를 스캔 완료할 수 있었습니다.

3번 문항 분석입니다. 2번 문항하고 얼핏 비슷하다고 생각할 수 있는데 이번에는 경력, 경험 사항에 대해 기술하라고 합니다. 직무와 관련한 경력, 경험사항을 기술하면 되는데, 3가지 이야기로 작성을 했습니다. 모두 직무와 관련한 행정, 사무 경력입니다. 경험은 금전적인 보수를 받지 않고 수행한 것이고 경력은 금전적 보수를 받고 한 것입니다. 저는 금전적인 보수를 받은 경력만 작성했습니다. 전체적인 작성법은 앞서 말씀드렸던 STAR를 적용했습니다. 소제목도 인사 담당자 입장에서 호기심을 끌만한 내용으로 작성했으며 전체적인 내용을 포괄하여 작성했습니다. 문항 3번의 경우 직무와 관련한 내용이기에 심혈을 기울여 작성했으므로 독자 여러분은 꼼꼼하게 읽어 주시기 바랍니다.

🎙 **4번 문항**

타인과 의사소통을 원활하게 하기 위한 자신만의 노하우가 있다면 기술해 주십시오.

주저하지 않고 웃으며 먼저 다가가기 ○○모바일 스토어에서 휴대폰 판매 일을 했던 적이 있습니다. 일을 하게 된 계기는 다양한 사람들을 만나면서 소통 역량을 향상시키고 싶었기 때문입니다. 제가 했던 일은 고객을 응대하고 제품을 홍보하는 일입니다. 그 당시 일을 하면서 세운 저만의 원칙이 있었습니다. 바로 휴대폰을 많이 파는 것보다 최대한 많은 고객님들에게 주저 없이 다가가 소통하겠다는 것이었습니다. 그런 원칙이자 목표를 갖고 열심히 일하니 돈 주고 살수 없는 값진 경험이 하나 생겼습니다. 한 번은 아주머니 한 분이 오셔서 저렴한 휴대폰에 대해 물어보셨습니다. 평소대로 친절하게 설명을 해드리고 설명을 들은 아주머니께서는 알겠다고 하고 가셨습니다. 다음날 아주머니께서는 가족들과 함께 다시 저희 매장에 오셨습니다. 오시자 마자 저를 가리키시면서 어제 저 직원이 친절하게 설명해줘서 다시 왔고 휴대폰을 본인과 가족을 포함해서 3개를 개통하시겠다는 것이었습니다. 그러면서 일하느라 고생이 많다며, 직접 구매하신 빵도 주셨습니다. 그 말씀을 듣자마자 그 고객님께 웃으며 감사하다고 말씀드렸습니다. 이를 지켜본 지점장님께서도 저 친구가 평소에 친절하게 잘 설명한다고 덧붙여 말씀해 주셨습니다. 이러한 저의 행동이 좋은 결과로 나타날 수 있었던 것은 고객과의 소통 과정에서 고객을 생각하는 진심이 담겨있어서 가능했다고 생각합니다. 그 결과 고객 만족도를 높일 수 있었습니다.

4번 문항을 분석해 보겠습니다. 타인과의 소통 노하우를 물어보고 있습니다. NCS 능력 단위 중 '의사소통 능력'이 있다고 앞에서 말씀드렸습니다. 의사소통 능력이 중요한 이유는 회사일이 모두 대화와 협력을 통해 이뤄지기 때문입니다. 말이라는 게 때론 오해를 낳기도 합니다. 직장인으로서 잘못된 내용 전달은 일을 그르칠 수도 있습니다. 그래서 가장 중요한 역량이 의사소통 역량이라고 말씀드리고 싶습니다. 물론 쉽지 않은 부분이지만 중요한 부분이기에 작성을 잘 하셔야 합니다.

저는 아르바이트를 통해 고객과 소통하여 좋은 결과를 낸 경험이 있어 그 경험을 자기소개서를 작성했습니다. 육하원칙에 기초하여 작성하였고 소통했던 방법, 태도 등을 솔직하게 작성하였습니다. 고객과의 의사소통 경험은 제 경험이고, 다른 사람들과 소통해서 좋은 결과를 냈던 경험이면 다 써도 좋으나, 질문에 맞는 대답이어야 하는 점 유의 바랍니다.

 5번 문항

학교생활 또는 업무를 수행할 시, 문제가 발생하였을 때, 문제를 효과적으로 처리하여 해결했던 과정을 적어 주십시오.

발빠른 대응으로 문제를 해결한다   ○○모바일 스토어에서 일하면서 한 번은 이런 일이 있었습니다. 기기변경으로 휴대폰을 개통하시는 고객님 두 분이 있었습니다. 평소와 다름없이 개통 서류를 보내고, 사은품을 챙겨드리며 일을 하고 있었습니다. 예상치 못한 문제는 개통 후 발생했습니다. 개통 과정에서 지점장님께서 실수로 두 고객님의 USIM을 서로 바꿔 낀 것이었습니다. USIM을 잘못 끼웠기에 당연히 통화가 되지 않았습니다. 두 고객님께서는 통화가 되지 않는다고 집에 가자마자 매장으로 각자 전화를 주셨습니다. 지점장님께서는 곧 USIM을 잘못 끼우신 것을 알게 되었습니다. 고객님과 통화를 마친 후 지점장님께서는 해결 방안을 생각하고 계신 듯

보였습니다. 그 상황을 보고 저는 주저 없이 직접 고객님 댁에 각각 방문하여 USIM을 바꿔주겠다고 지점장님께 말씀드렸습니다. 지점장님은 알겠다고 하고 새 유심을 주시며 댁에 방문해서 바꿔 주고 퇴근하라고 말씀하셨습니다. 바로 처리하지 않으면 고객님의 불편이 예상되어 얼른 택시를 타고 첫 번째 고객님 댁에 방문하였습니다. 인사를 드리고 죄송하다고 말씀드리며 USIM을 바꿔 드렸습니다. 첫 번째 고객님 휴대폰 통화가 되는 것을 확인하고 바로 두 번째 고객님 댁에 갔습니다. 두 번째 고객님 댁 앞에서도 인사를 하고 죄송하다고 말씀드렸습니다. 그리고 얼른 USIM을 바꿔드리고 통화가 제대로 되는 것을 확인하였습니다. 문제를 모두 해결 후 지점장님께 해결했다고 전화드렸습니다. 이 경험을 통해 발 빠른 대응과 적극적인 태도가 문제를 매끄럽게 해결할 수 있다는 것을 깨달았습니다. 한국○○연구원에 입사해서도, 발 빠른 행동으로 문제를 적극적으로 해결하는 직원이 되도록 하겠습니다.

마지막 5번 문항입니다. 문제가 발생했을 때 어떻게 효과적으로 해결했는지 묻고 있습니다. NCS 능력 단위 중 문제 해결 능력을 확인하는 자기소개서 질문입니다. 어떤 태도를 갖고 문제상황에 대처하는지, 평소 지원자의 성격이나 가치관을 알 수 있는 문항입니다. 저는 4번 질문에서 이미 작성했던 ○○모바일 스토어에서 있었던 다른 이야기를 답변으로 작성했습니다. 어떤 분들은 위에서 이미 작성했던 회사의 경험인데 다른 내용으로 또 작성해도 되나요?라고 묻습니다. 저는 크게 상관없다고 생각합니다. 그렇게 작성했는데도 불구하고 최종 합격했습니다. 앞서 말씀드렸듯 질문에 가장 부합하는 내용이면 상관없습니다.

　이 문항은 문제를 최종 해결한 경험을 작성해야 합니다. 문제해결이 제대로 되지 않았는데 노력했던 경험까지를 작성하는 것은 지양해야 합니다. 그리고 효과적이라는 용어를 쓰고 있습니다. 효과적은 그 문제를 해결할 수 있는 다른 방법보다 더 나은 방법으로 해결했냐라는 뜻입니다. 그렇기 때문에 성과를 정확하게 숫자로 드러나게 작성해주는 게 좋습니다. 마지막에 입사 후 포부를 간략하게 작성하였습니다. 이를 통해 입사 후에도 일관되게 행동할 거라는 신뢰를 주게 됩니다.

　○○연구원의 자기소개서 문항 5개를 실제 합격 자기소개서를 바탕으로 분석해 보았습니다. 과연 '나'라면 어떻게 작성했을지 한 번쯤 생각해보시면 좋겠네요. 그리고 공공기관 자기소개서 작성에 대해 처음보다는 더 잘 알게 되었을 거라 생각합니다. 다음 장에서는 준정부기관 실제 합격 자기소개서를 분석해 보겠습니다. NCS 기반으로 자기소개서 문항이 만들어진다는 점만 유념하고 다음 장을 읽어주시면 됩니다.

저자의 실제 준정부기관 사무행정
최종 합격 자기소개서

이번에는 실제 공기업 합격 자기소개서를 분석해 보겠습니다. 제가 최종 합격(무기계약직, 사무행정) 했던 공공기관은 중소벤처기업부 산하 공기업이며, 최종 합격연도는 2019년도 상반기입니다. 아래의 내용은 실제 자기소개서 문항이며, 정부 출연연구기관 질문과 비교하면서 보시면 자기소개서 문항을 분석하는 안목을 더 높일 수 있을 것입니다. 제가 실제 제출했던 답변을 바탕으로 분석해 보겠습니다.

 1번 문항

기존의 방식이나 현상에 대해 문제의식을 갖고, 자신만의 아이디어를 적용하여 대안을 제시했던 구체적인 경험, 자신의 행동, 결과 등을 기술해 주십시오.(500자 이내)

팀 과제 1등을 달성하다   대학교 4학년 때 ○○기업의 '금융전문가 과정' 교육을 이수했었습니다. 교육 과정에서 팀 과제가 있었습니다. 주어진 금액 3만 원을 갖고 물건을 팔아 수익을 내보는 과제였습니다. 저희 팀은 날씨가 더우니 비타 500을 팔아 수익을 내보기로 했습니다. 마트에서 비타500을 구매 후 마트 근처 시민들에게 다가가 인사를 드리고, 비타 500을 팔았습니다. 하지만 생각보다 잘 팔리지 않아 이렇게 하다가는 팀 과제 1등을 못할 거라는 생각이 들었습니다. 그래서 고민을 하다 제가 팀원들에게 판매장소를 바꾸자고 제안하였습니다. 바로 삼성생명 건물 내부였습니다. 마침 날씨도 더웠기에 팀원들도 흔쾌히 그렇게 해보자고 했습니다. 판매장소를 바꾸자마자 수익을 많이 낼 수 있었습니다. 내부 직원들은 대부분 이 교육에 대해 알고 있었기 때문에 구매를 많이 해주셨습니다. 그렇게 팀원들과 노력한 결과, 수익을 약 4만 원 낼 수 있었고 과제 1등을 할 수 있었습니다.

1번 문항 분석입니다. 기존의 방식, 현상에 대해 문제의식을 갖고 본인만의 생각(아이디어)를 적용하여 대안을 제시했던 경험, 행동, 결과를 기술하라고 합니다. 여기서 본인의 생각이어야 한다는 점에 주의합니다. 그 생각이 거창할 필요는 없습니다. 작은 것일지라도 본인이 문제라고 생각하여 개선하기 위한 직접적인 노력을 하고 어떠한 결과가 있으면 됩니다. 결과는 좋을수록 좋겠지만 무조건 성공해야 한다는 것은 아닙니다. 과정도 중요하니까요. 저는 대학교 때 ○○기업의 교육에서의 팀 과제 경험에 대해 작성했습니다. 여기서 파악하려고 하는 부분은 무엇일까요? 문제해결능력, 의사소통능력을 평가하려 하는 것입니다. 작성할 때 행동과 결과는 STAR 기법을 활용해서 작성하면 됩니다. 다만, 글자 수가 500자로 제한되어 있어 내용을 길게 쓰면 중요한 내용을 작성하지 못합니다. 핵심 내용만 작성하고 필요 없는 단어(군더더기 말)는 삭제할 필요가 있습니다. 기업마다 자기소개서 문항의 제한 글자수가 다르기 때문에 그러한 부분을 고려하여 작성합니다. 보통 85~90% 정도를 작성하면 됩니다. 그렇다고 해서 억지로 글자 수를 채우려고 하면 이상한 자기소개서가 되니 앞뒤 문맥을 고려하여 작성할 필요가 있습니다.

 2번 문항

공단 직원이 가져야 할 가장 중요한 덕목은 무엇이며, 또 그렇게 생각하는 이유에 대해 본인의 경험이나 가치관을 중심으로 기술해 주십시오(500자 이내)

정직은 나의 생활신조   아버지께서는 제가 어렸을 때부터 '정직'의 가치를 강조하셨습니다. 정직하지 못하면 타인과의 신뢰가 깨져 사회생활이 어렵다는 말씀이셨습니다. 이 말씀을 항상 생각하며 실생활에서부터 정직을 실천하기 위해 노력하고 있습니다. 한 가지 경험을 말씀드리면, 집 근처 학교에서 친구랑 운동을 하고 있다가 길에 떨어져 있는 휴대폰을 발견한 적이 있었습니다. 휴대폰을 열어서 보니 미 수신 전화가 수십 통이 와 있었습니다. 누군가 잃어버렸을 거라고 생각하여 전화가 온 곳으로 다시 전화를 걸었고, 휴대폰 주인의 어머니가 전화를 받으셔서 휴대폰을 잘 돌려줬던 경험이 있습니다.

공공기관에서 근무하기 위해서 가장 필요한 덕목도 '정직'이라고 생각합니다. 최근 들어 공공기관 직원들에 대한 직업윤리가 강조되고 있기 때문입니다. ○○공단에 입사한다면, 정직한 태도로 업무에 임하여 ○○공단이 지속적인 발전을 하는데 기여하는 직원이 되도록 하겠습니다.

 2번 문항 분석입니다. 공단(공공기관) 직원으로써 가져야 할 덕목을 묻고 있습니다. 그리고 그렇게 생각하는 이유를 본인의 가치관, 경험을 예로 들어 설명해야 합니다. 국민의 세금으로 운영되는 공공기관에서 직원으로써 어떠한 덕목이 가장 필요할까요? 청렴한 태도라고 생각했습니다. 아마 대부분의 지원자들이 청렴을 생각했을 겁니다. 어떻게 보면 뻔한 답변이 될 수 있겠지요. 하지만 그 뻔함을 특별하게 만들어주는 것은 바로 본인만의 스토리입니다. 진실한 스토리는 인사 담당자를 감동시키기도 합니다. 그렇기에 핵심 키워드와 실제 이야기가 관심을 가질만한 내용이면 좋은 자기소개서로 평가받을 수 있다는 점을 참고해 주시면 됩니다. 2번 문항을 가치관과 실제 경험을 통해 설명했습니다. 특별하진 않지만 이익을 탐하지 않고 주인을 찾아 주었던 경험입니다.
 저는 청렴한 태도라고 대답했지만 꼭 청렴이 아니어도 됩니다. 청렴 외에도 다른 것들이 충분히 있을 수 있습니다. 그리고 대답한 것과 연관 지을 수 있는 스토리가 더 중요합니다. 2번 문항에서 주의할 점은, 본인의 경험 설명에 너무 치중하면 안 된다는 것입니다. 경험은 인사 담당자가 이해할 수 있을 정도만 설명하고, 본인이 공공기관에서 필요한 덕목에 대해 어떤 생각을 갖고 있는지를 표현해주는 것이 더 중요합니다. 이 점을 유의해서 작성하면 더욱 좋은 평가를 받을 것입니다.

3번 문항

귀하가 속한 조직 또는 집단에서 구성원들과 갈등이 발생했을 때, 이를 극복했던 구체적인 경험과 자신의 행동 및 결과 등을 기술해 주십시오(500자 이내)

중간 역할자로써 갈등을 극복하다 A기관에서 계약 업무를 하면서 한 번은 이런 일이 있었습니다. 타 부서에서 급하게 연구과제를 수행해야 해서 리서치업체와의 수의계약을 요청한 것이었습니다. 하지만 예산이 약 4,000만 원이 소요되는 과제라서 수의계약을 할 수 없고 입찰을 해야 한다고 말했습니다. 수의계약을 하기 위해서는 국가계약법상 2,000만 원 이하였기 때문입니다. 하지만 담당자는 꼭 급하게 체결해야 한다고 하기에, 팀장님께 보고를 드리고 결정을 하는 것이 좋다고 판단하였습니다. 그래서 먼저 부서 직원과 만나 요구 사항을 잘 정리해서 팀장님께 말씀드렸습니다. 팀장님께서는 부서 담당자한테 직접 전화를 걸어 통화를 하신 후, 저한테 소기업으로 등록된 리서치 업체하고 계약을 체결하라고 지시하셨습니다. 견적서를 받아 소기업인 리서치 업체와 계약을 체결할 수 있었고 문제를 원만하게 해결할 수 있었습니다. 이 경험을 통해 갈등 극복에 있어 중간역할과 소통의 중요성을 깨달을 수 있었습니다.

　3번 문항 분석입니다. 속한 조직, 집단에서 구성원들과 갈등이 발생했을 때 어떻게 극복했는지 행동, 결과를 기술하라고 합니다. 이것은 의사소통능력, 문제해결능력, 협업능력등을 평가하려고 묻는 질문입니다. 대학교 과 생활을 하며 동기 혹은 선배들과 겪었던 갈등 상황, 인턴 및 아르바이트를 하며 동료들과 겪었던 갈등 상황

둘.
공공기관 서류전형(자기소개서)을 제대로 파헤쳐보자

등을 작성해 주면 좋습니다. 어떤 이야기든 정답은 없지만, 문항과 맞는 내용을 작성해야 합니다. 반복해서 강조 드리고 있습니다. 그리고 이왕이면 좋은 결과로 나타난 경험이면 더 좋습니다. 저는 경력 사항에 적었던 공공기관에서 수행했던 '계약'과 관련한 내용을 작성했습니다. 지원 직무(행정직무)와 관련한 경험을 써주면 더 좋습니다. 질문 문항에서도 구체적으로 작성하라고 했으므로, 처음 보는 사람이 이해할 수 있을 정도로 설명이 되어야 합니다. 이러한 부분을 고려하여 본인만의 3번 문항 답변을 한번 작성해 보세요.

 4번 문항

자신의 장점 3가지를 열거하고 이와 관련하여 본인이 지원한 직무에서 어떻게 응용 (적용)될 수 있는지 기술해 주십시오(500자 이내)

친화력, 적극성, 도전적 공공기관에서 행정 업무를 해본 결과 지원 직무에는 '협업하는 자세'가 필요할 것으로 생각합니다. 회사일은 혼자 맡아서 하는 경우도 있지만, 대부분 협업이 필요하다고 생각합니다. 협업을 통해서 일의 시너지가 발생할 수 있습니다. 저는 평소에 사람 만나는 것을 좋아하고, 적극적인 성격을 가지고 있습니다. 그래서 대학교 재학시절 ○○모바일스토어에서 휴대폰 판매 아르바이트를 하여 고객만족을 달성한 경험도 있습니다. 한 예로, 고객님께서는 저에게 제품 설명을 듣고 가신 후 다음날 다시 오셔서 휴대폰 3개를 함께 구매하셨던 적이 있습니다. 행정직무의 경우에도 다양한 부서 및 사람들과 의견을 조율할 경우가 많다고 생각하니다. 따라서 의사소통능력이 매우 중요할 것입니다. ○○공단에 입사한다면, 저의 장점을 잘 살려 부서 및 타 사람들과 협업하며 업무에 임하여, 시너지를 낼 수 있는 직원이 될 수 있도록 하겠습니다.

마지막으로 4번 문항입니다. 자신의 장점 3가지를 열거하고, 지원 직무에서 어떻게 활용(적용)할 수 있을지 기술하라고 합니다. 저는 개인적으로 4번 문항이 작성하는 것이 조금 어려웠습니다. 장점 3가지를 열거하며 설명하려면 500자는 족히 넘을 것 같았기 때문입니다. 그래서 나름 전략적으로 작성했습니다. 먼저, 장점 세 가지를 소제목으로 묶어 읽는 사람으로 하여금 관심을 끌었습니다. 그리고 주요 내용에는 그러한 장점을 바탕으로 좋은 결과를 낸 경험, 마지막에 입사 후 포부(적용) 적었습니다. 요약하는 느낌으로 체계적으로 정리한 것이었습니다. 한 가지 공통점이 보이지 않나요? ○○모바일 스토어 경험은 위의 '정부 출연연구기관' 자기소개서에도 작성했던 경험입니다. 다만 이번 자기소개서에서는 조금 내용을 달리하였습니다. 답변의 큰 틀은 벗어나지 않았습니다. 여기서 드리고 싶은 말씀이 있습니다. 본인이 했던 경험을 다른 자기소개서에서도 얼마든지 문항에 맞게 작성할 수 있다는 것입니다. 공공기관은 더욱 하나의 경험으로 여러 기관의 자기소개서를 작성할 수 있습니다. NCS 기반 블라인드 자기소개서이기 때문에 그렇습니다. 그러니 처음 자기소개서를 작성하는 취업 준비생이라면, 본인의 경험/경력을 마인드맵과 같은 형식으로 정리한 후 작성하는 것도 좋습니다. 저는 자기소개서를 작성할 때마다 차곡차곡 USB에 따로 모아두었습니다. 그렇게 하면 질문에 맞는 자기소개서를 적재적소에 찾아 작성할 수 있기 때문입니다. 그 USB는 나중에 큰 자산이 됩니다.

　이렇게 두 기관의 최종 합격 자기소개서를 모두 분석해 보았습니다. 여기까지 읽으셨으면 공공기관 자기소개서 쓰는 것에 대해 어느 정도 자신감이 생기셨을 거라고 생각합니다. 서류 전형(자기소개서)은 취업을 위한 1차 관문이므로 어떤 일이 있어도 통과해야 합니다. 면접에 가서도 자기소개서 기반으로 질문들을 하게 되어 있습니다. 그러니까 절대로 소홀히 해서는 안 됩니다. 아마도 많은 취업 준비생분들이 자기소개서 불합격의 아픔을 갖고 있을 거라 생각합니다. 저도 한창 취업준비할때 그랬었습니다. 합격한 자기소개서는 소수였습니다. 하지만 불합격했다고 좌절하지 않고 합격을 위해 그 원인을 분석했습니다. 내가 꼭 이 기업은 가고 싶었는데 어느 부분을 제대로 답변하지 못했을까 하고 말입니다. 물론 기업이 추구하는 방향과 맞지 않아 떨어졌을 수도 있습니다. 단순히 떨어졌으니까 다른 기업 또 지원하지 뭐!라고 했다면 스스로의 발전은 없었을 것입니다. 더 나아가 다수의 공공기관에 최종 합격하는 일은 더더욱 없었을 것입니다. 해 뜨기 직전이 가장 어둡다는 속담이 있습니다. 여러분들도 지금 당장 취업이 되지 않는다고 너무 실망, 좌절하지 마시고, 합격할 수 있다는 자신감을 갖고 본인을 철저하게 트레이닝 하세요. 어떤 트레이닝이든 본인을 합격의 길로 인도할 것입니다.

첫, 공공기관 필기시험 준비하기

- 공공기관 필기시험은
  전반적으로 어떻게 준비해야 하나요

- 이제 기본이 되버린 NCS

- 공공기관 전공 시험 대비하기

- 공공기관 논술 시험 대비하기

- 공공기관 필기시험 vs 사기업(대기업) 필기시험

- 필기시험 준비에 있어 플러스 알파는?

- 필기시험을 준비하고 대하는 태도

- 21년 하반기 저자의 공공기관 필기시험 후기

공공기관 필기시험은
전반적으로 어떻게 준비해야 하나요

블로그에 필기시험 후기나 준비 방법에 대한 포스팅을 했었는데, NCS을 포함한 필기시험을 어떻게 준비하면 되는지, 얼마나 준비했는지 등 블로그 이웃님들이 댓글로 질문을 했습니다. 그때마다 본인이 원하는 기관의 필기시험 유형에 맞게 준비해야 한다고 답변해 주었습니다.

금융 공기업에 입사하고 싶으면 NCS와 전공시험(전공필기, 논술)을 준비해야 합니다. 정부 출연연구기관에 입사하고 싶으면 NCS와 논술을 대비하면 됩니다. 물론 들어가기 어려운 기관의 시험을 준비하면 그 아래 단계 기관의 필기시험을 준비하기는 쉽습니다. 그래서 취업 준비는 본인의 상황에 따라 전략적으로 하면 좋다는 말씀을 먼저 드립니다.

사실, 필기시험을 대비하기 위한 책들은 시중에 많이 있습니다만, 그 책을 다보기도 어려울뿐더러 다 본다고 해도 합격할 확률이 높아지는 건 아닙니다. 본인에게 맞는 책 한 권만 제대로 봐도 충분합니다. 저도 시중에 나와 있는 NCS 책 몇 권으로 시험을 준비했습니다. 논술시험이나 전공시험의 경우 저는 수월했습니다. 평소 시사 이슈와 글쓰기에 관심을 갖고 있었습니다. 학창 시절에 글쓰기로 수상한 경우도 꽤 있었습니다. 그래서 준비하는데 어렵지 않았습니다. 전공도 경영학을 전공했기에 관련 지식을 갖고 있었습니다. 만약 본인이 이러한 경우라면, 남들보다는 조금은 앞서 있다고 생각하면 됩니다. 아예 처음부터 준비하는 사람들도 많기 때문입니다.

이 책은 아예 공공기관을 처음부터 준비하는 사람들을 위해서 쓴 책이니 처음부터 하나씩 알려드릴까 합니다. 저도 NCS 시험은 본격적으로 공공기관을 준비하면서 처음 공부했었기 때문입니다. 그럼 가장 먼저 준비해야 할 부분은 무엇일까요? 여러 가지가 있겠지만 마음가짐이라고 생각합니다. 어쩌면 조금 길어질지도 모르는 수험 기간에 대한 불안감을 이겨내고자 하는 마음가짐입니다. 이런 말씀을 드리는 건 모든 시험이 마찬가지겠지만 자신과의 싸움입니다. 미래를 위해 현재의 시간을 투자하는 겁니다. 미래는 언제나 불확실합니다. 그래도 합격할 수 있다는 긍정적인 태도로 임해야 합니다. 저도 시험을 준비할 때 마음 한구석은 늘 불안했지만, 또 한편으로는 해낼 수 있다고 생각했습니다. 그런 생각과 노력이 합쳐져 좋은 결과가 나온게 아닐까 지금도 생각합니다.

그다음으로 목표하는 기업과 공부기간 등 입사하기 위한 계획을 세우기 바랍니다. 어떤 공공기관에서 일하고 싶은지 적성, 근무지역 등을 고려하여 정합니다. 그리고 그 기관 홈페이지에 들어가 채용공고를 확인합니다. 어떠한 과정으로 채용을 진행하는지, 특히 필기시험은 어떤 유형으로 보는지 살펴봅니다. 그 후에는 합격하기 위한 공부 기간을 설정합니다. 저는 대학교 졸업하고 약 1년을 목표로 삼았습니다. 1년 안에는 원하는 공공기관에 합격하겠다는 목표였습니다.

그리고 그 기관과 관련한 가장 대표적인 수험서(책)를 검색하여 구입합니다. 구입 후 문제를 풀다 보면 본인이 약한 세부 유형이 있습니다. 그럼 그 유형을 조금 더 중점적으로 공부합니다. 그 유형과 관련한 기본적인 지식이 부족하다고 판단되면, 중, 고등학교 교과서부터 공부하는걸 추천 드립니다. 이건 부끄러운 게 아닙니다. 개념을 제대로 알고 공부하기 위함입니다. 그렇게 하면 나중에 실제 시험장에서 문제 풀 때 넘어가지 않고 제대로 풀 수 있습니다. 저도 한때 수리 영역에서 소금물 농도 문제에 대해 어렴풋이 알고 있어 제대로 공부하기 위해 수학 기본서를 참고했었습니다.

시간이 허락한다면 더 어려운 난이도의 수험서를 사서 풀어보는 것도 좋습니다. 그리고 문제를 혼자 푸는 게 지루한 시점까지 왔다 싶으면 필기시험 스터디를 만들어 시간을 재며 함께 풀어보는 것도 좋습니다. 여럿이 문제를 푸는 스터디의 장점은 나름 경쟁의식을 갖고 문제를 풀 수 있고, 다른 사람의 풀이 방법도 알 수 있기 때문입니다. 다만 코로나로 사람들 만나기가 어렵기에 zoom과 같은 온라인 회의 플랫폼을 사용하면서 하면 좋을 것입니다. 그게 바로 집단지성입니다. 다만, 스터디를 꾸릴 때 진짜 공부할 사람들과 함께하는 게 좋습니다. 괜히 어정쩡한 사람들과 하게 되면 공부가 제대로 되지 않을 수 있습니다. 그리고 사람마다 공부하는 스타일이 다르므로 혼자 공부하는 게 편하면 혼자 공부하면 됩니다. 스터디는 공부하는 방법중 하나일 뿐입니다. 저는 둘 다 해봤는데 혼자 공부하는 게 조금 더 편해 혼자 공부했었습니다.

셋,
공공기관 필기시험 준비하기

이렇게 준비하면서 틈틈이 기관 채용 공고가 나왔을 때 지원하여 필기시험의 기회가 오면 무조건 시험장에 가서 시험을 봅니다. 제대로 준비가 되지 않았다고 해도 시험은 무조건 보는 게 좋습니다. 저도 필기시험의 경험과 시험장의 분위기를 느끼기 위해 불합격할 것 같아도 시험은 보고 왔습니다. 그러면서 공부하려는 의지를 더 높일 수 있었습니다.

필기시험을 보고 온 후에는 정확히 기억나진 않겠지만 나름대로 복기를 합니다. 실제 시험은 어떤 유형이 어려웠고, 시간은 부족하진 않았는지 차근차근 눈을 감고 생각해 봅니다. 그리고 다음엔 어떤 실수를 안 하겠다는 다짐을 합니다. 복기를 하면 다음번 시험에서 똑같은 문제가 나왔을 때 틀릴 확률을 줄여주는 역할을 합니다. 이 모든걸 메모까지 해두면 더 좋습니다. 그리고 단순히 복기에서 끝나는 것이 아니라 어떻게 하면 또 틀리지 않을 수 있는지 생각하고 실천해야 합니다.

이 정도까지 노력했으면 어느 정도 공공기관 필기시험에 대해 기본적인 준비를 잘하고 있는 것입니다. 다음 장부터는 구체적인 시험 유형과 대비 방법에 대해 말씀드리겠습니다.

이제 기본이 되버린 NCS

서류 전형인 자기소개서를 통과하게 되면 누구나 필기시험을 볼 자격을 갖게 됩니다. 공공기관 필기시험은 2015년 이후 NCS 시험이 '기본'이 되었습니다. 제가 네이버에 NCS시험이라고 검색하니 NCS와 관련한 다양한 글들이 있었습니다. 네이버 지식in 에도 NCS시험 공부를 어떻게 하면 되냐? 얼마나 준비했냐? 등 공공기관 필기시험에 대한 다양한 질문들이 있었습니다. 그러한 물음에 이 책이 어느 정도 답할 수 있을 것입니다. 먼저 저는 NCS시험을 학원을 다니거나 인터넷 강의를 수강하면서 공부했던 적은 없습니다. NCS 기본서적을 1~2권 사서 독학하며 공부했습니다. 물론 사람마다 공부하는 방법등은 다를 수 있으니 제 방법이 100% 맞다고 말씀 드리지 않겠습니다. NCS시험은 어떤 공공기관을 준비하던지 무조건 거쳐야 하는 시험이기에 저도 피해갈 순 없었습니다. NCS 준비가 독학이 가능했던 것은 NCS 시험이 엄청나게 어려운 시험이 아니었기 때문입니다. 수능 때 한번은 봤던 지문들, 수리, 통계, 시사상식 등과 관련한 내용들로 구성되어 있습니다. 그래서 굳이 추가적으로 돈 들여 공부하진 않아도 되겠다는 결론을 냈습니다. 혹여

셋,
공공기관 필기시험 준비하기

이 책을 읽으시는 분들 중 기본적인 문학 지식, 수리적인 지식, 비문학 독해 능력이 부족하다는 생각이 들면 중고등학교 국어, 수학 교과서 및 참고서를 먼저 정독하시길 권장 드리겠습니다. NCS는 단기간 벼락치기로 준비해서는 문제를 풀 수 없습니다, 문제를 풀 수 있는 기본적인 역량은 갖춰야 정확하게 풀 수 있습니다. 어려운 시험은 아니지만 기본 지식이 있다는 가정하여 3~6개월 정도 잡고 공부하면 됩니다. 그리고 공부를 전적으로 많이 한다고 해서 실력이 월등히 향상되는 시험도 아닙니다. 기관마다 난이도와 유형이 조금씩 차이는 있습니다. 참고해서 준비하시면 됩니다.

NCS 문제를 풀 수 있는 기본적인 역량이 있다는 가정하에 NCS는 시중에서 가장 유명한 책 1~2권 정도 풀어보는 걸 권장합니다. 풀다 보면 분명 본인이 부족한 영역이 드러납니다. 저는 추리 영역이 부족했습니다. 그러면 그 영역을 보충하는 공부를 해야 합니다. 요즘은 유튜브에 NCS를 직접 풀이, 설명하는 영상들이 많으니 참고하시면 좋겠습니다. 즉, 최대한 비용을 들이지 않고 공부할 수 있는 방법을 찾는 게 좋습니다. 상황이 여의치 않다면, 어느 정도 비용을 들여서 강좌를 수강하는 것까지는 괜찮습니다. 앞에서 아르바이트를 힘들게 해서 번 돈을 가치있게 쓰라고 말씀드렸었습니다. 그러한 것 중 하나가 이러한 것들입니다. 나 자신을 위해 투자하는 돈이니까요.

한 가지 Tip을 드리자면 책을 풀 때 바로 정답을 책에 써버리면 다음에 다시 볼 때 이미 답이 적혀 있어 쉽다고 생각할 수 있으므로 우선 공백으로 두는 게 좋습니다. 그러면 시간이 흘러 책을 다시 봤을 때도 깔끔하게 문제를 다시 풀어볼 수 있습니다. 공부할 때 제가 주로 사용했던 방법입니다.

이 정도 선에서 NCS 준비를 열심히 한다면, NCS로 떨어지는 일은 거의 없을 거라고 생각합니다. 다만 NCS와 전공시험을 함께 보는 공공기관은 다르다는 점 참고 바랍니다. 전공시험이 있는 공공기관은 A급 공기업이라고 생각하시면 됩니다. 이러한 곳은 NCS시험문제도 훨씬 어려운 편입니다. 그래서 더 체계적으로 시간 안배까지 하며 공부해야 합니다. 하지만 이 챕터에서 말씀드리는 NCS 시험은 평균 수준의 공공기관 NCS 시험을 말씀드립니다. 이렇게 말씀드리면, 분명 누군가는 NCS시험은 기관마다 난이도 차이가 있으므로 좀 쉬운 기관은 대충 해도 되겠네요.라고 생각할 겁니다. 절대 그렇지 않다는 점 말씀드립니다. 필기시험도 배수(보통 5배수 이내)로 거르기 때문에, 어느 정도 합격 점수를 넘겨주어야 합니다. 한 문제라도 더 맞히는 게 중요합니다. 그러기 위해서는 NCS 공부를 꾸준하게 해야 함을 의미합니다. 필기시험을 합격하지 못하면 면접의 기회가 주어지지 않으니 필기시험에 꼭 합격해야 합니다.

NCS시험에 대해 어느 정도 궁금한 사항이 풀린 분도 있고 아닌 분도 있을 겁니다. 아닌 분들은 강좌, 강사 추천과 관련한 내용이 나올 것 같았는데 아니라서 그럴 겁니다. 그렇게 준비한다고 해서 무조건 합격할까요?

이 장에서는 NCS시험과 관련한 전체적인 공부법, 임하는 자세 등을 중점적으로 말씀드렸습니다. 이미 시중에도 NCS 시험과 관련한 많은 책들이 있으니까 저는 좀 다른 부분을 말하고 싶었습니다. 그렇게 해야 다른 공공기관 준비 서적들과 제 책의 차별점이 생기는 거니까요.

셋,
공공기관 필기시험 준비하기

다시 정리해서 말씀드리겠습니다. NCS 시험을 처음 준비하는 분들이라면 NCS가 어떤 시험인지 먼저 자세히 알아보는 게 좋을 것입니다. 어느 정도 NCS 시험 준비를 해본 분들이라면 본인의 페이스대로 공부하되, NCS 유형 중 약한 유형 쪽에 더 집중해서 공부합니다. 어차피 한정된 시간에 풀어야 하므로 문제를 100% 완벽하게 풀 수 없습니다. 남들도 마찬가지입니다. 빨리 푸는 것보단 정확하게 푸는 것이 더 중요합니다. 그런 연습을 하시면 됩니다.

다음 장에서는 세부 전공 시험 부분에 대해서 말씀드리고 어떻게 준비하면 될지 말씀드리겠습니다. 전공 시험을 설명드리는 것은 A급 공기업(금융 공기업 등)을 준비하시는 분들도 있으므로 그분들을 위해 간략히 설명드립니다. A급 공기업을 준비하시지 않는 분들은 넘어가도 좋습니다.

공공기관 전공 시험 대비하기

전장에서 NCS 시험을 준비하는 기본자세 및 방법을 간략히 말씀드렸습니다. 이번 장에서는 전공 시험에 대해 말씀드릴까 합니다. 저도 한창 취업 준비할 때 금융공기업 필기시험을 몇 번 봤었는데요, 난이도가 매우 높습니다. 그냥 한 두달 준비해서는 절대 높은 점수를 받을 수 없는 시험이라는 것을 직접 보시면 알 수 있습니다. 꾸준하게 1년 이상 준비하신 분들이 합격할 확률이 높은 시험이 전공 시험입니다.

전공시험의 경우 본인이 지원한 직무(행정, 시설, 전기, 기타 등)의 대학교 학부 수준의 내용으로 시험을 보게 됩니다. 실제 시험은 학부 수준보다 조금 더 어렵게 내는 경우가 많습니다. 그래서 노무사, 회계사, 행정사 같은 전문 자격증을 준비하는 정도로 공부하라고 합니다. 그것은 결국 많은 문제를 풀어보고 풀 수 있어야 함을 의미합니다. 모든 시험이 마찬가지겠지만요

전공 시험의 경우 유형은 논술(약술), 단답형 주관식, 객관식 이세 가지를 벗어나지 않습니다. 기관마다 난이도의 차이만 있을 뿐입니다. 여기서 논술시험의 경우는 다음 장에서 구체적으로 설명드리

셋.
공공기관 필기시험 준비하기

도록 하고 단답형 주관식, 객관식을 설명드리겠습니다. 단답형 주관식, 객관식의 경우에는 기본 개념을 얼마나 정확하게 알고 있는지를 묻는 경우가 많습니다. 경제학으로 쉬운 예를 하나 들어 보겠습니다. 경제학에 시장 가격이라는 개념이 있습니다. 시장 가격이라는 것은 수요과 공급에 의해 형성되게 됩니다. 수요와 공급에 의해 시장가격 그래프가 만들어지고, 그래프는 수요와 공급에 따라 이동합니다. 이러한 전반적인 개념을 알고 있는지를 전공 시험에서 묻습니다. 단답형으로 나오면 '시장가격'이고, 객관식으로 나오면 5지 선다형중 시장가격에 대한 설명이 아닌 것은? 이렇게 나오는 겁니다. 조금 더 어렵게 나오는 것은 시장가격을 다른 개념과 응용하는 경우입니다. 최저 가격제, 최고 가격제, 사회적 후생 등 다른 경제학적 지식과 접목시켜 문제를 냅니다. 다른 개념을 정확하게 모르고 있을 경우 이 문제는 찍을 수밖에 없습니다. 그렇기 때문에 전공시험은 어려운 것입니다. 특히 전공시험과 관련한 전공이 아닌 취업 준비생(국어국문학, 영어영문학 등 인문사회계 전공)들은 따로 시험을 준비해야 하기 때문에 시간이 많이 필요합니다. 그래서 저는 당장 취업을 해야 하는 분들은 전공시험을 보지 않는 공공기관을 지원하라고 말씀드립니다. 취업도 전략적으로 접근할 필요가 있습니다. 경영학에서 효율성이라는 용어가 있습니다. 자원(시간, 자본)은 한정되어 있으므로 주어진 환경에서 좋은 결과를 내기 위한 방법을 찾아서 실천해야 합니다.

그리고 전공시험에 대비하기 위해서 한 가지 노력해야 할 부분이 있습니다. 꾸준하게 시사·이슈에 관해서 공부를 해두는 것입니다. 전공 시험의 경우 전공서적에서 나오는 경우도 많지만 시사·이슈와 결부 지어 나오는 경우가 더 많습니다. 논술시험의 경우가 그렇습니다. 그런데 이 공부는 하루아침에 할 수 있는 것이 아닙니다. 본인이 관심을 갖고 1년, 2년 꾸준하게 공부를 해야 합니다. 저는 대학교 재학 시절 신문스터디를 직접 운영하며 시사에 관심을 갖고 꾸준히 공부했습니다. 꾸준하게 공부하니까 다방면의 지식을 쌓을 수 있었고 자기소개서, 필기시험, 면접 두루두루 도움을 받을 수 있었습니다. 단순히 전공 시험만을 하는 공부라고 생각하지 마시고 내 지식을 한층 업그레이드 한다라는 생각으로 공부해보세요. 분명 많은 도움이 될 거라고 생각합니다. 단순히 시중에 나와 있는 시사 · 이슈 책 한 두권 사서 보는 것과는 차원이 다릅니다. 꾸준한 노력이 필요하다는 점 다시 한번 말씀드립니다.

NCS처럼 전공 시험을 위해 어떤 책을 공부하면 좋을지 추천드리지 않겠습니다. 추천드릴만큼 정확하게 알고 있지도 않습니다. 그리고 앞 장을 읽으셨다면 충분히 제 생각에 공감을 해주실 겁니다. 만약 아니라면, 아직 이 책을 제대로 이해하지 못하신 겁니다.

그럼 다음 장에서는 전공 시험 중 대다수 유형을 차지하는 논술시험에 대해 말씀드리겠습니다. 논술시험의 경우 사실 고등학교 입시시험부터 접했던 시험 유형입니다. 대학교에서도 중간, 기말고사 시험 유형으로 논술(서술형 등) 시험을 채택하고 있습니다. 즉, 논술시험은 검증된 시험이며 지원자의 수준을 평가할 수 있는 시험입니다.

셋.
공공기관 필기시험 준비하기

공공기관 논술 시험 대비하기

이번 장에서는 공공기관 필기시험 중 하나인 논술 시험에 대해 직접 시험을 봤던 경험을 바탕으로 자세하게 얘기해보고자 합니다.

앞서 말씀드렸듯 대부분의 공공기관은 대부분 NCS 필기시험을 봅니다. 그중 일부 정부출연연구기관이나 금융공기업의 경우 NCS와 함께 논술시험(전공시험)을 실시하여 지원자들의 논리와 지식의 정도를 평가합니다. 그만큼 논술시험이 차지하는 비중은 꽤 됩니다. 실제 NCS 50%, 논술시험 50% 반영되는 경우가 많습니다.

그러면 논술시험에 어떻게 대비하면 되는지 말씀드리겠습니다. 논술은 단기간 준비한다고 뚝딱 준비가 되는 시험은 아닙니다. 최소 3개월 길게는 1년 이상 준비를 해야 합니다. 짧게 공부해서 합격하길 바란다면 그건 지나친 욕심이라고 말씀드리고 싶습니다. 단기간 공부해서 합격이 가능한 분들은 오랜 시간 동안 논술을 준비했던 분들입니다. 이것은 논술이라는 시험을 제대로 몰라서 생기는 오해입니다. 다른 시험은 정말 단기간 준비가 될지 모르겠지만 논술은 다릅니다. 많이 써보고 글을 읽으며 생각해 본 사람이 이기는 시험입니다. 이 점을 먼저 유의해 주세요. 만약 이 글을 읽고 있는 독자분들 중 논술시험이 얼마 남지 않은 분들이 있다면, 시험을 한번 경험해 본다고 생각하고 시험에 임하시면 됩니다.

논술시험의 주제는 기업과 관련되거나 직무와 관련한 내용이 나오기도 하고, 최근 시사(이슈)와 관련한 내용이 나오기도 합니다. 예를 들면, 저는 논술시험에서 '공공기관 행정과 사기업 행정의 차이점은 무엇인가?'(비교하여 최소 2개 이상의 사례를 들어 설명하라)와 같은 문제를 접했던 적이 있었습니다. 이러한 문제는 평소 직무와 기관에 관심을 갖고 있어야 질문에 맞는 서술이 가능하며, 실제 직무를 수행해 본 경험이 있으면 작성하기가 조금은 수월합니다.

또한, 논술을 준비할 때 처음부터 많은 양을 작성하기보다는 키워드 중심으로 본인이 요약해가며 글을 정리해 보는 게 좋습니다. 저는 제 전공뿐 아니라 다양한 배경지식을 습득하기 위해 제가 가고 싶은 연구원 홈페이지에 가서 연구 논문을 읽어보거나 신문과 책등 종류를 가리지 않고 읽었습니다. 시간을 내서 각종 뉴스(종이신문을 추천드립니다)도 보고, DBR(동아 비즈니스 리뷰)와 같은 경영·경제 전문 월간지를 읽었습니다. 그리고 간단하게 내용을 정리해보고 제 생각을 덧붙이는 식으로 논술 연습을 했습니다. 작성할 때는 한글이나 워드를 활용해도 좋고 직접 종이에 써보는 것도 좋습니다. 종이에 써보라고 하는 것은 실제 시험장에서는 직접 종이에 쓰기 때문입니다.

그렇게 연습하면서 차츰 쓰는 분량을 늘려가는 것입니다. 어느 정도 수준이 올라가면 쓰는 시간을 점검합니다. 이것은 시험장에서 시간을 문제마다 효율적으로 분배하기 위함입니다. 문장을 작성할

셋.
공공기관 필기시험 준비하기

때는 짧게 줄여 쓰는 게 좋습니다. 길게 쓰면 감점이 될 여지가 있습니다. 읽는 사람 입장에서 한 번쯤 생각해 보는 거죠.

　두 번째, 요구하는 부분만 작성합니다. 군더더기(너무 많은 접속사, 특정 단어의 반복)의 내용은 작성하지 않습니다. 그럼 위에서 예시로 들었던 '공공기관 행정과 사기업 행정의 차이점'에 대해 서론 부분을 간단히 제가 직접 작성해 보겠습니다.

답변예시 공공기관 행정과 사기업 행정의 분명한 차이가 두 가지 있다고 생각합니다(주장제시, 두괄식). 첫째, 운영의 주체입니다.

　공공기관은 국민의 세금으로 정부에서 운영하는 기업입니다. 반면, 사기업은 자본금을 바탕으로 하여 이윤 창출을 목적으로 개인이 세운 회사(법인)입니다.

　설립목적에서 서비스를 제공하는 대상이 달라짐을 의미합니다. 즉, 공공기관은 설립 목적상 국민의 편의성과 삶의 질 향상을 위해 공공 서비스를 제공합니다.

　반면에 사기업은 특정 서비스를 제공하며, 대가를 지불한 고객에 한해 관련 서비스를 제공합니다.(비교, 대조)

　둘째, 조직 구성입니다. 공공기관은 관료제 조직을 기본으로 합니다. 계층적이고, 직무와 계급이 명확하게 구분되어 있습니다.

　반면, 사기업은 조직 구성에 있어 유연합니다. 자율적인 조직, 팀제를 시행하는 기업이 많고 효율적으로 조직을 구성하기 위해 노력합니다. 물론 공공기관도 유연한 조직인 TF팀을 만들긴 하지만 사기업보다는 좀 덜 유연하다고 볼 수 있습니다(반론에 대한 선 의견 제시).

이러한 몇 가지 이유로 공공기관 행정과 사기업 행정은 분명한 차이가 있다고 생각합니다. (주장 다시 강조)

제가 직접 사례를 작성해 봤는데 독자 여러분들도 나름의 근거를 들어 한 번 작성해 보았으면 좋겠습니다. 눈으로 보는 것과 직접 쓰는 것은 차이가 있으니까요.

다음 내용으로 읽는 사람들로 하여금 임팩트를 줄 수 있게 글을 쓰는 팁을 알려드리겠습니다. 논술시험을 채점하는 평가위원들은 많은 지원자들의 글을 보게 됩니다. 그중 80% 이상 비슷비슷한 답변들이 확률상 많을 것이라 생각합니다.

결국은 필기시험 불합격이라는 안 좋은 결과로 이어질 가능성이 있습니다. 그럼 나만의 임팩트 있는 글은 어떻게 쓸까요? 답부터 알려드리겠습니다. 많이 읽어보고 많이 써보셔야 합니다. 너무 당연한 말을 했다고요? 하지만 앞서 말했듯 노력이 쌓이면 매우 강력합니다. 군인들이 평소에 전쟁에 대비하여 훈련을 하는 이유도 실전 상황인 전쟁이 발생할 때 한치의 오차도 없이 본연의 임무를 수행하기 위함입니다. 논술도 마찬가지라 생각합니다. 평소에 많은 글을 읽고, 쓰고 퇴고하는 과정을 거치면 본인만의 필체나 생각들이 글에 나타나게 됩니다. 그러면 나만의 논술문이 탄생하게 되는 것입니다.

이와 관련하여 본인이 쓴 글에 대한 평가는 주변의 사람들에게 요구하면 됩니다. 선생님, 친구, 관련 전문가 등 다양한 사람들에게 하여금 본인이 쓴 글을 읽어보게 하는 게 좋습니다. 그래야 객관적으로 본인의 글을 판단할 수 있기 때문입니다.

그럼 임팩트 있는 논술문과 관련하여 한 가지 사례를 들어보겠

셋.
공공기관 필기시험 준비하기

습니다. 주제는 살인한 범죄자의 인권을 존중해야 한다고 생각하는 가?입니다. A,B 두 지원자가 각각 답변을 썼다고 가정하겠습니다.

> **A 지원자가 쓴 글**: 범죄자의 인권을 존중해야 한다고 생각합니다. 그 이유는 결국 그도 인간이고 하나의 생명이기 때문입니다. 물론 존중받아야 할 다른 생명을 죽이고 인권을 유린한 것은 사실이지만, 범죄자도 최소한의 인권은 있습니다. 마땅히 인간으로서 기본적인 권리도 행사할 수 있어야 합니다. 그런 기본적인 권리마저 박탈하는 것은 세계적인 추세에 맞지 않다고 생각합니다.

> **B 지원자가 쓴 글**: 우리는 학교 도덕 수업 시간에 역지사지의 자세로 살아가야 한다고 배웠습니다. 하지만 범죄자는 다른 사람의 생명을 너무 가볍게 여겼습니다. 피해자 뿐 아니라 그 가족들도 평생 정신적으로 힘들게 살아가야 합니다. 내 생명과 인권이 중요한 것만큼 다른 사람의 생명과 인권도 소중한데, 그것을 철저하게 짓밟은 사람한테는 인권이 필요하지 않다고 생각합니다.

　위의 A, B지원자의 주장 그 자체는 크게 중요하지 않습니다. 논술에서 채점하는 부분은 주장에 대해 합리적인 근거가 있고, 얼마나 글이 탄탄한 논리를 가지고 있는지를 평가합니다. 또한, 읽는 사람으로 하여금 글이 잘 읽히느냐입니다. 그런 면에서 A보다는 B 지원자가 이러한 부분에 더 맞는 답변이라고 할 수 있습니다.
　그리고 사기업 논술과 다른 점을 하나 더 말씀드릴까 합니다. 공공기관처럼 일부 사기업은 필기시험에서 논술시험을 보기도 합니다. 전체적인 맥락은 비슷하지만 분명 대비하는 데 차이가 있습니다. 공공기관 논술의 경우 지원 기업에 대해 심도 있게 분석할 필요가 없습니다. 일반적인 내용이 문제로 출제되는 경우가 더 많기 때문입니다. 반면, 사기업의 경우 지원하는 기업에 대해 철저하게 분석할 필요가 있습니다. 기술과 돈에 민감한 사기업은 최신 이슈를 회사에 접목할 수 있는 아이디어나 전략 등에 대해 작성해야 하는 문제들이 출제되기 때문입니다. 면접에 가서도 이는 마찬가지입니다. 사기업, 공공기관을 다 준비해 본 사람으로써 자신있게 말씀드릴 수 있습니다.

이제, 어느 정도 공공기관 논술에 대해 알게 되었을 거라 생각합니다. 제 블로그에서도 논술시험 준비와 관련한 글을 포스팅했으므로 참고 부탁드립니다.

셋.
공공기관 필기시험 준비하기

공공기관 필기시험 vs 사기업⁽ᵈᵃᵉᵍⁱᵉᵇ⁾ 필기시험

이번 장에서는 공공기관과 사기업 필기시험의 차이를 간략하게 말씀드릴까 합니다. 저는 한창 취업준비할 때 공공기관과 사기업 필기시험을 모두 쳐봤습니다. 왜 이런 말씀을 드리냐면 공공기관, 사기업 가리지 않고 시험을 봤었기에 필기시험의 본질이 무엇인지도 말씀드릴 수 있기 때문입니다.

두 시험 중에는 비슷한 유형도 있기에 시험을 보며 실전 감각을 익힐 수 있었습니다. 그리고 이 책을 보는 대부분의 취업 준비생들이 공공기관을 준비하겠지만, 일부는 사기업과 함께 준비하시는 분들도 있을 겁니다. 그런 분들도 있기에 비교해서 설명드리는 거니, 만약 본인이 공공기관만 준비하신다면 이번 장은 건너뛰어도 좋습니다.

몇 년 전만 해도 삼성, SK, LG 같은 대기업들은 자체 대규모 시험 플랫폼(대기업 인적성 검사)을 통해 인재를 채용했었습니다. 그러나 급격한 경영 환경 변화로 최근에는 대부분의 기업이 공채를 폐지하고 수시 채용, 직무 중심 채용으로 변화했습니다. 신입사원이 아닌 경력직만 채용하려고 꼼수를 쓰는 게 아니냐라는 논란은 있었지만,

급변하는 환경 속에서 채용을 유연하게 하기 위함이 아닐까 생각합니다. 반면, 공공기관은 아직도 공채 형식의 플랫폼을 유지하고 있습니다. 물론 계약직의 경우 인력 필요 시 수시로 채용공고를 내기도 하지만 신입사원의 경우 대부분 공채 형식으로 채용합니다.

공공기관과 사기업의 필기시험(인적성검사)은 비슷하면서도 차이점이 있습니다. 비슷한 점으로는 비문학, 언어추리, 수추리, 응용수리 등과 같은 유형처럼 두 필기시험에 모두 등장하는 유형이 있습니다. 문제 수준이나 숫자가 똑같진 않지만 시험의 유형이 비슷하니 푸는 방법은 동일할 것입니다. 적성검사 뿐 아니라 인성검사도 거의 비슷합니다.

공공기관, 사기업의 인성검사를 모두 풀어본 경험으로는 두 시험 모두 5지 선다형이나, yes or no의 형태로 되어 있었습니다. 비슷한 측면이 있기에 사기업에서 근무하다가 공공기관으로 이직도 조금은 쉽게 하는게 아닌가 하는 생각이 들었습니다. 실제로 제가 다녔던 공공기관의 입사 동기들 중 사기업에서 근무하다 공공기관으로 이직한 동기들도 있었습니다. 그리고 여느 다른 시험과 마찬가지로 공공기관, 사기업 필기시험 모두 합격 배수가 매우 적습니다. 보통 최종 채용인원의 5배수 이내이며 많아야 10배수입니다. 따라서 서류전형을 통과했더라도 필기시험의 벽을 넘어서야 다음 전형인 면접 전형으로 갈 수 있습니다. 필기시험에 대한 꼼꼼한 준비가 필요하다는 것을 다시 한번 느낄 수 있습니다.

반면 차이점도 있습니다. 공공기관 필기시험은 시사 이슈에 대한 문제가 나오기는 하나 직무와 관련된 내용 위주로 일부 나옵니다. 보통 논술시험(약술형. 서술형)의 형태로 나오는 경우가 많습니다.

셋.
공공기관 필기시험 준비하기

제가 최근에 지원했었던 공공기관도 직무+시사이슈의 형태로 약술형 시험이 등장했었습니다. 반면 대기업 필기시험의 경우 지원 자의 상식 측정을 위해 문화, 경제, 사회, 역사 등 다양한 분야의 개념을 묻는 문제들이 많이 등장합니다. 따라서 평소에 시사 상식과 관련하여 공부를 하지 않고 본다면 많이 맞을 수 없는 시험입니다. 또 다른 차이점으로 난이도에 있어 편차가 있습니다. 금융공기업의 경우 NCS를 포함한 필기시험의 난이도가 상당히 높습니다. 물론 다른 공기업에 비해 연봉이 훨씬 높고 채용하는 인원이 적어 그렇기는 하지만 다른 공기업의 시험과 비교하여 편차가 상당히 있습니다. 대 학교 4학년 때 금융 공기업 시험을 본 적이 있었는데, 웬만큼 공부 해서는 문제를 절대 풀 수 없다는 생각이 들었었습니다. 일부 사기 업(삼성, SK) 필기시험(GSAT, SKCT 등)도 '고시' 수준이라는 소리를 듣 긴 하지만, 기업별로 난이도 편차가 크지는 않다고 생각합니다. 금 융권(은행, 증권, 보험사)은 전공자가 조금 더 유리한 측면이 있으므로 제외하고 말씀드립니다. 정리해서 말씀드리면, 전반적인 난이도는 '공공기관〉 사기업'이며, '공공기관별 시험 편차〉 사기업별 시험 편차' 순이라고 말씀드릴 수 있습니다. 어떤 차이가 있는지 어느 정도 이 해가 되셨을 겁니다. 물론 지원자분들의 역량에 따라 어떤 분들은 공공기관 필기시험이 더 쉬운 분들도 있으실 겁니다. 이 책에서 설 명드리는 건 저와 주변 지인들의 경험을 종합하여 말씀드리는거니 참고만 해 주시면 됩니다.

개인적으로 공공기관, 사기업 필기시험을 모두 볼 수 있다면 둘 다 시험 보는 걸 추천드립니다. 시험 준비가 제대로 되어 있지 않더라도 실전 경험을 할 수 있고, 그 과정에서 실력이 부족한 시험 유형을 파악할 수 있습니다. 앞서 말씀드렸듯 일부 유형은 두 시험이 비슷하기 때문에 둘 다 보셔도 크게 상관없습니다. 사무직이냐 기술직이냐 지원 직무 차이만 조금 있을 뿐입니다.

셋.
공공기관 필기시험 준비하기

필기시험 준비에 있어 플러스 알파는?

이번 장에서는 필기시험을 준비하는 과정에서 추가적으로 알아두시면 좋을 내용이 생각나서 말씀드릴까 합니다. 공공기관 신입직원으로 입사하는 지원자던, 경력을 갖고 이직을 하는 지원자던 필기시험을 공부하고 실제 시험을 어느 정도 보면 시험의 유형, 내용 등을 알게 됩니다. 그러면 어떤 부분을 중점적으로 공부하면 될지 눈에 보입니다. 공공기관 NCS시험이 수능처럼 문제는 다르나 유형은 어느 정도 정해져 있기 때문입니다. 그래서 필기시험 공부를 어느 정도 하신 분들은 약점 부분을 공략해서 집중적으로 공부하면 됩니다.

또한, 회사 입사해서 일할 때도 계획을 세우면 좋지만, 회사에 들어가기 위한 공부도 계획을 세우면 좋습니다. NCS 책 한 권을 풀기로 마음먹었으면 최소한의 기간을 정해두고 공부를 하는 것입니다. 저도 NCS 책 한 권을 사서 약 한 달간 공부했습니다. 자칫 공부기간이 길어지면 루즈해 질 수 있기 때문입니다. 공공기관 중 금융 공기업처럼 높은 목표를 두고 있으신 분들도 있을텐데요, 그런 분들은 5급 행정고시(PSAT)나 회계사, 세무사 등 전문 자격증 시험수준으로 필기시험 공부를 하셔야 합니다. 이미 그런 공부를 하고 있다면 본인의 페이스대로 꾸준하게 관련 공부를 하시면 됩니다. 어떤 책을 사야하고 어떤 강의가 좋은지는 사람마다 다르기 때문에 이 책에서 따로 추천 드리진 않겠습니다. 여러분이 직접 알아보고 공부하시기 바랍니다. 금융 공기업과 같은 A급 공공기관을 제외한 일반적인 공공기관 필기시험은 고시수준이 아니니까 걱정하지 않으셔도 됩니다. 하지만 갈수록 공공기관의 필기시험 난이도, 경쟁률이 높아지고 있기 때문에 꾸준하게 공부를 하시는 게 좋습니다. 며칠은 하고 며칠은 하지 않으면 공부 루틴이 깨질 수 있습니다.

그리고 필기시험도 면접과 마찬가지로 미리 이미지 트레이닝을 해주면 좋습니다. 만약 내일이 시험이라면 시험장에는 몇 시까지 도착할 것이고, 어떤 책(노트)를 가져가서 공부하고 시험을 볼 것인지. 머릿속으로 시험장의 전체적인 그림을 그려봅니다. 이렇게 하면 실제 시험장에서 긴장감도 조금 줄일 수 있어 문제를 잘 풀리는 경험을 할 수도 있습니다. 저는 항상 시험을 보기 전에 이미지 트레이닝을 하는데, 하지 않았던 날은 시험이 더 어려웠던 기억이 있습니다. 만약 본인이 공부도 꾸준하게 하는데 필기시험에서 자주 떨어진다면, 필기시험에 대한 공부 방법이 잘못된 것이니 공부 방법을 바꿔야 합니다. 단순히 문제를 풀고 채점하는 것이 아니라 문제를 푸는 과정을 복기하는 것입니다. 나는 1번을 답이라고 생각했는데 왜 3번이 답이지? 어떤 부분에서 근거를 찾을 수 있을까? 어떤 풀이 과정이 잘못된 것일까? 하고 꼭 다시 풀어보는 복기 과정을 거치는 게 좋습니다. 단순히 문제만 많이 푼다고 해서 실력이 향상했다고 착각하면 안됩니다. NCS는 검증을 거친 문제 유형으로 출제되기 때문입니다. 실제 공공기관에서 일하면서 필요한 역량이니 필기시험에서 자주 합격하지 못한다면 NCS 공부를 제대로 하고 있지 못하다고 생각하시면 됩니다.

본인이 관심을 갖고 있는 기관의 홈페이지나 알리오에 들어가 어떤 사업을 하고 있고, 예산이 얼마나 되는지 기관과 관련한 내용들을 미리미리 공부할 필요가 있습니다. 필기시험에 기관과 밀접한 관련이 있는 내용의 문제가 자주 등장하기 때문입니다. 저도 공공기관 필기시험을 꽤 봤었는데 기관과 관련한 문제들을 접할 수 있었습니다. 그때만 해도 그러한 문제가 나올거라고 생각을 못했기 때문에 답을 찍었던 기억이 있습니다. 기관에서 벌어지고 있는 일들이 시험 유형으로 나온다고 해서 당황할 건 전혀 없습니다. 신입사원 입장에서 풀 수 있는 문제들로 구성 되어 있습니다. 한 문제만 예로 알려드리면, "우리 기관은 사회적 공헌 활동을 통해 지역사회와 국가에 기여하고 있습니다. 올바른 조직 문화는 어떤 문화라고 생각하며 그것을 달성하기 위한 방안을 사례를 들어 설명하시오"라는 서술형 문제가 등장했습니다. 어떻게 작성하실건가요? 바로 답변 내용이 떠오르는 분들도 있고 아닌 분들도 있을 것입니다. 사회적 공헌활동이 무엇이고, 관련한 사례를 아는 게 없다면 절대 답변을 제대로 쓸 수 없는 질문입니다. 그러나 조금이라도 기관에 대해 제대로 공부하고 갔다면, 답변을 할 수 있는 질문입니다. 혼자 공부하기 어렵다면 주변에 도움을 요청하세요. 가장 좋은 건 먼저 취업해서 일하고 있는 선배입니다. 가장 도움이 되는 정보들을 얻을 수 있습니다. 그렇지 못하다면 요즘은 워낙 취업 관련한 인터넷 커뮤니티가 잘되어 있기 때문에 커뮤니티를 활용하면 좋습니다.

마지막으로 전략적으로 필기시험을 준비하는 게 필요합니다. 모든 공공기관에 합격하면 좋겠지만 그러기 쉽지 않습니다. 그리고 공공기관이라도 필기시험 유형은 일부 차이가 있습니다. 논술시험에 약하다면 논술시험을 보지 않는 기관에 지원하면 좋습니다. 반대로 글 쓰는 것에 자신이 있으면 논술시험을 보는 기관에 응시하는 게 좋습니다. 실제로 제가 최종 합격했던 기관 중 일부는 시험 유형에 논술이 있었습니다. 저는 글쓰기에 관심을 갖고 있었고 공부를 꾸준하게 해왔기 때문입니다. 그러니 본인의 상황에 맞게 필기시험 준비를 하면 좋을 것이라 생각합니다.

셋.
공공기관 필기시험 준비하기

필기시험을 준비하고 대하는 태도

이번 장에서는 필기시험을 준비하고 대하는 태도라는 주제로 말씀을 드릴까 합니다. 시험 준비와 관련한 직접적인 내용은 아니므로 편하게 읽어 주시면 됩니다.

일반적인 대학생들은 4학년이 되면 부랴부랴 취업 전선에 뛰어듭니다. 공기업, 대기업 가리는 거 없이 수십 군데에 자기소개서를 내고, 일부 합격한 기업 필기시험과 면접을 봅니다. 거기에 운이 더해지면 최종 합격이라는 영광을 얻게 됩니다. 그 하나하나의 과정은 정말 치열하고 험난합니다. 내가 합격하기 위해서는 다른 누군가가 떨어져야 합니다. 그리고 준비 과정에서 내가 과연 붙을까 하는 불안감이 항상 따라갑니다. 그래도 졸업하기 전에는 취업해야할 텐데. 이번 필기시험은 꼭 붙어야 할 텐데. 이런 마음을 안고 초조하게 기다립니다.

우선 전혀 그럴 필요 없다고 말씀드리고 싶습니다. 시험도 최선을 다해 준비했는데 떨어졌다면, 나하고 맞지 않는 회사인가 보다하고 쿨하게 마음을 접는 태도도 중요합니다. 얼마든지 기회는 또있을 거고, 그 안에 조금 더 열심히 준비해서 합격하면 되는 것입니다. 준비했던 시간과 노력은 절대 무시 못 합니다. 어떤 기업의 필기시험이든 면접이든 시험을 보면 하나를 해낸 것입니다. 고생했다고 스스로를 토닥여주세요. 신라시대 원효대사의 '일체유심조'란 말이 떠오릅니다. 모든 것은 마음먹기에 달려있습니다. 자신의 가능성을 믿고 도전하십시오. 저도 수많은 불합격 경험을 갖고 있습니다. 순간 마음은 쓰렸지만, 그래도 좌절하지 않았습니다. 그 회사가 나의 가치를 몰라준다고 생각하고 부족한 부분을 보완하여 도전하여 좋은 결과를 꽤 많이 이뤄냈습니다. 나를 믿지 않으면, 아무도 본인을 믿지 않습니다. 그것은 불변의 진리입니다.

서류 합격의 기쁨도 누리지 못한 채 다시 필기시험 합격을 위한 준비를 하게 합니다. 그리고 필기시험은 취업 과정에 있어 중요한 관문입니다. 대부분의 지원자들이 서류는 통과했어도 필기시험에서 불합격하기 때문입니다.

사실 필기시험 준비의 '정도'는 없습니다. 무조건 많이 공부한다고 해서 합격하는 것도 아닙니다. 효율적인 방법으로 정확하게 하는 것이 중요합니다. 그리고 어떤 시험은 내가 준비했던 것보다 쉽게 나와 합격하기도 하고, 어떤 기업의 시험은 너무 어렵게 나와 도저히 풀 수 없기도 합니다. 그러기에 딱 정량적으로 이 정도 준비하면 합격합니다.라고 말씀드릴 수 없습니다. 그렇다고 해서 필기시험을 대충 준비해야 한다는 것은 절대 아닙니다. 본인과 맞는 기업이 하나쯤은 분명 있다는 점을 말씀드리고 싶었습니다.

그리고 취업 준비 과정에서 분명 슬럼프가 한 번쯤은 찾아올 수 있습니다. 그럴 때는 우울하게 집에만 있지 말고 밖에 나가서 바람도 쐬고, 잠깐 지인도 보기를 권장 드립니다. 집에만 있는다고 당장

해결될 건 없습니다. 뭔가 기분을 전환할 행동이 필요합니다. 그렇게 하고 오면 조금은 마음이 편안해집니다. 오히려 그것이 긍정적인 태도를 갖게 하는 계기가 되었고 취업 준비에 있어 자신감을 갖게 했습니다. 그러니 여러분들도 꼭 본인만의 스트레스 관리법을 갖고 있으면 좋을 것이라 생각합니다. 취업 준비는 짧을 수도 있지만, 상황에 따라 좀 길어질 수도 있기 때문입니다. 본인을 조금이라도 변화할 수 있도록 여러 면에서 채찍질해야 합니다. 마음이 나약해지면 취업에서 성공할 확률은 점점 더 낮아진다는 점을 꼭 기억하고 계셨으면 좋겠습니다.

　면접을 준비하는 부분에서도 설명드릴 부분인데 미리 말씀드리는 겁니다. '태도'라는 게 중요하다는 것을 다시 한번 강조하여 말씀드립니다. 본인의 삶의 방향에 대해 어떤 태도를 갖고 있느냐에 따라 좋은 결과를 내기도 하고 그렇지 못하기도 한 것이라 생각합니다.

21년 하반기 저자의 공공기관 필기시험 후기

21년 하반기 농림수산식품부 산하 농촌 관련 위탁사업을 운영 및 관리하는 공공기관(준정부기관)에 채용형 청년인턴(정규직)에 응시하여 서류 합격(10배수)하고 필기시험을 보고 왔었습니다. 이 기관에 제가 지원한 이유는 집하고 거리가 가까워 출퇴근하기가 좋고, 농업과 기술에 관심을 갖고 있었기 때문입니다.

시험은 대전에 위치한 대학교에서 봤습니다. 오랜만에 보는 시험이라 살짝 긴장은 되었지만, 막상 시험을 시작하자 긴장은 이내 풀렸습니다. 시험 유형은 직업기초능력(NCS) 50문제와 직무수행능력(논술) 시험이었습니다. 직업기초능력 시험(NCS)은 개인적으로 생각했을 때 평이한 수준으로 나왔습니다. 그래서 문제를 다 풀고 검산까지 하고도 약 5분 정도의 시간이 남았습니다. 응용수리, 자료해석 문제가 생각보다 많이 등장하지 않았습니다. 언어추리와 상황판단을 측정하는 문제들이 꽤 나왔음을 느낄 수 있었습니다. 문제가 어떻게 나왔는지 자세하게 알려드릴 수 없는 점 양해 부탁드립니다. NCS의 경우 무조건 많은 책을 풀기보다는 본인한테 맞는 책 한 권을 반복해서 푸는 것이 좋다고 생각하고, 실제 시험을 몇 번 보다 보면 본인이 약한 유형을 알게 됩니다. 그러면 약한 유형 위주로 문제를 풀면 됩니다. 수리적 기본개념이 부족하다면 중, 고등학교 때 배웠던 개념들을 공부할 필요가 있습니다.

다음으로 논술시험(약술형) 입니다. 논술은 5문제가 주어졌으며 농업과 관련한 문제, 행정직무와 관련한 경영학적 지식들을 묻는 문제들이 나왔습니다. 약술형(간략하게 논술함)이라 간단명료하게 작성하는 것에 중점을 두며 문제를 풀었습니다. 한 문제 당 약 4~5줄 정도 작성했습니다. 논술의 경우 직접 손으로 써야 했기에 미리 시간에 대한 고려가 필요합니다. 한문제에 너무 집중 하다보면 다른 문제를 제대로 쓰지 못하고 제출할 가능성이 높기 때문입니다. 그래서 앞서 말씀드렸듯 미리 대비를 해야 합니다. 일부 공공기관은 필기시험에서 논술을 보기 때문입니다. 다행히 저는 평소에 뉴스나 경영/경제 월간지인 동아비즈니스리뷰(DBR)을 보는 습관을 갖고 있습니다. 동아비즈니스리뷰(DBR)는 제가 대학교 재학시절부터 봤던 경영/경제 월간지인데 논술을 대비하는데 매우 좋습니다. 경영학을 공부한 사람이라면 이해하기 더 쉽지만, 전공하지 않았다고 해서 이해할 수 없는 수준은 아닙니다. 모르는 개념은 인터넷으로 찾아보며 공부하면 됩니다. 이렇게 미리 개념들을 공부하고 정리해둔 덕분에 답변을 작성하는데 크게 어려움이 없었습니다. 논술을 보고 나서 다시 깨달은 점은 평소 시사 이슈에 대한 꾸준한 관심이 필요하다는 점입니다. 여러분들도 관심 있는 공공기관이 논술시험을 본다면 최근 3개월 이내 이슈만큼은 자신의 생각과 사례를 정리해놓을 필요가 있습니다. 정리의 방식은 정해진 것은 없습니다. 본인의 생각과 방법대로 정리하되 논술의 구성인 서론-본론-결론 순으로 작성해 놓는 게 좋습니다. 그리고 시험을 보기 며칠 전에는 실제 시험시간에 맞춰 작성하는 연습을 하면 좋습니다. 빽빽하게 내용을 채울 필요는 없지만 직접 써 보면서 답변을 요약하면서 작성하면 됩니다.

전체적으로 시험을 준비할 시간은 직장인인 제게 부족했지만, 다행히 배경지식을 틈틈이 쌓아둔 덕에 시험을 나름 잘 볼 수 있었습니다.

필기시험을 나름 잘 치뤘다는 생각이 들 때면 거의 합격하곤 했는데, 아니나 다를까 합격하여 최종 면접을 보게 되었습니다. 면접 후기는 4장 주제인 공공기관 면접 준비하기에서 다시 말씀드리겠습니다. 필기시험 후기와 면접 후기를 분리해서 쓴 이유는 각 서류전형, 필기시험, 면접전형 순서대로 어떻게 준비해야 하는지 기본적인 이해를 한 다음에 실제 후기를 읽으면 이해가 조금 더 빠를 수 있다고 생각했기 때문입니다.

넷, 공공기관 면접 준비하기

- 코로나19로 달라진 면접 환경 이해하기

- 공공기관 직무 제대로 분석하기

- 면접을 수십 번 보고 깨달은 것들

- 공공기관 vs 사기업 면접 차이는

- 면접은 솔직히 운도 작용한다

- 신입과 경력은 면접의 방향도 다르다

- 면접 학원, 스피치 학원에 돈 쓰지 마세요

- 21년 하반기 저자의 실제 공공기관 면접 후기

코로나19로 달라진 면접 환경 이해하기

면접을 준비하기 앞서 코로나19로 인한 면접환경의 변화에 대해 알고 있을 필요가 있습니다. 코로나19는 채용시장의 큰 변화를 만들었습니다. 대부분의 기업들이 대규모 채용(공채)에서 수시채용, 언택트 채용으로 바뀌었습니다. 그리고 인공지능(AI) 기술을 채용에 도입하여 집에서 AI면접을 보기도 합니다. 이러한 상황에 맞춰 일부 공공기관도 인공지능 면접을 도입하였습니다. 대표적인 곳이 인천국제공항공사(이하 인국공)입니다. 인국공은 한때 비정규직의 정규직 전환으로 인해 직원들 간 갈등을 겪기도 했었습니다. 인국공의 경우 2020년 채용 전형단계를 보면 서류-필기-AI면접-1차-2차 면접 순으로 진행되었습니다.

기본적으로 AI면접의 경우 직접 면접장에 가지 않아도 된다는 장점이 있습니다. 포스트 코로나 시대에 적합한 방법이라고 할 수 있습니다.

다만 AI면접의 경우 정확성과 신뢰성에 대한 논란을 낳기도 했습니다. 〈조선일보〉 기사에 따르면 '인국공에 지원한 K 씨는 한 시간 동안 인국공 면접을 봤습니다. 면접을 본 총 지원자 213명 가운

넷,
공공기관 면접 준비하기

데 AI로부터 최고 등급인 S 등급을 받았습니다. 하지만 K 씨는 인국공 입사에 실패했습니다. 인국공 관계자에 따르면 K 씨는 AI면접에서 좋은 점수를 받았지만 실제 대면 면접에서 회사와 맞지 않다고 생각했다'라고 했습니다.

이러한 점을 고려할 때 코로나19로 많은 기업에서 AI면접을 실시하고 있지만, 좀 더 기술적으로 보완될 필요가 있다는 점을 시사하고 있습니다. 지원자들도 AI면접에 매몰되지 말고 직무에 대한 이해, 기업에 대한 이해, 자기에 대한 이해를 철저하게 먼저 할 필요가 있습니다.

AI면접보다 더 큰 범위가 화상면접입니다. 화상면접은 AI면접을 포함하며 인공지능 기계가 하면 AI면접, 사람이 하면 화상면접입니다. 화상면접은 면접장만 가지 않았을 뿐이지 면접관과 얼굴을 보며 면접을 봅니다.

한국자산관리공사(이하 캠코)는 2020년 9월 공공기관 최초로 정규직 채용형 전환 인턴에 언택트 화상 면접을 도입했습니다. 지원자들은 지역본부 중 한 곳을 선택해 면접관들과 직무 관련한 질의응답을 주고받았습니다. 〈매거진 한경〉 기사를 통해 실제 최종 합격했던 지원자의 화상 면접 후기를 알 수 있습니다. 〈매거진 한경〉 기사에 따르면 지원자는 '화상면접의 경우 어려웠던 점으로 마스크와 화면이라는 두 개의 벽을 넘어 소통하다 보니, 면접관들의 표정을 읽을 수가 없다는 점이 어려웠다. 그래서 내가 답변을 잘 하고 있는 건지 말을 하면서 나에 대한 확신이 무엇보다 필요했고, 끝나고 나서도 결과를 예측하기 어려웠던 점이 기억에 남는다."라고 말했다. 즉 면접자 입장에서는 컴퓨터 화면을 통해 면접관을 응시하기 때문에 표정이 잘 안 보여 전하고자 하는 내용이 제대로 전달되지 않을 수도 있다는 점을 유의해야 한다는 것을 말합니다.

그래서 이 책을 보는 지원자가 공공기관 화상면접(AI면접)을 앞두고 있다면 주의해야 할 점을 몇 가지 정리하였습니다. 저도 공공기관 면접은 아니지만 AI면접을 경험했던 점을 바탕으로 말씀드립니다.

첫째, 면접의 방식만 오프라인에서 온라인으로 바뀌었을 뿐 면접이라는 큰 틀은 바뀌지 않았습니다. 따라서 면접상황에서의 기본적인 태도(똑바른 자세, 정확한 발음, 차분한 어조 등)는 유지하면서 면접을 봐야 합니다.

둘째, AI면접의 경우 본인이 예상하지 못한 어려운 질문이 나올 가능성이 높습니다. 그럴 경우 당황하지 말고, 질문 관련 키워드 중심으로 짧게 대답하는 것이 좋습니다. 답변이 길어질수록 신뢰성이 떨어지는 답변으로 인식될 경우가 있습니다.

셋째, 컴퓨터로 보는 면접관이지만 면접관에 대한 파악을 합니다. 가까이서 볼 수 없기에 정확한 표정을 알 수는 없지만 면접관의 질문을 들으며 어떤 성향인지 파악하려는 노력이 필요합니다. 면접관도 사람이니까 성향을 알면 그에 맞는 대답을 할 수 있기 때문입니다. 예를 들어, A 면접관은 근거를 중요시하는 면접관이라고 가정합니다. 그러면 질문할 때 구체적인 경험이나 근거를 몇 개씩 들어보라고 할 것입니다. 그러면 첫 번째는 답변을 제대로 못했을지라도 다음 질문에는 미리 경험을 생각해 두었다가 그에 맞는 대답을 하면 됩니다.

코로나19로 달라진 면접환경과 유의할 점을 말씀드렸습니다.

아직은 코로나19가 종식된 게 아니기에 화상면접(AI면접)을 도입하는 기업들이 점차 많아질 것으로 보입니다. 지원자들은 이러한 부분을 인식하고 준비하면 면접 합격의 길에 조금은 더 빨리 다가갈 수 있을 것이라 생각합니다.

공공기관 직무 제대로 분석하기

아제 필기시험까지 통과하고 가장 중요한 면접을 앞두고 있습니다. 어떻게 보면 가장 중요한 전형이 면접입니다. 필기시험에서 우수하게 통과해도 면접을 제대로 못 본다면 탈락입니다. 그런 경우가 많이 있습니다. 따라서 끝까지 긴장의 끈을 놓으면 안 되며 면접까지 통과해야 최종 합격에 이를 수 있습니다.

그런데 면접을 준비하기 앞서 가장 먼저 해야 할 일이 있습니다. 바로 지원 직무에 대한 분석입니다. 직무는 쉽게 말해 입사해서 해야 할 일을 의미합니다. 공공기관의 경우 보통 행정직(사무직)과 기술직(전기, 시설, 보안)을 나누어서 뽑고 있습니다. 아마 대부분의 취업 준비생(문과)분들은 행정직에 지원할 겁니다. 저도 행정직에 지원하여 최종 합격 했었습니다. 기술직도 큰 틀은 벗어나지 않는다고 생각하지만, 세부 직무상 차이는 있을 수 있으므로 행정사무 직무 위주로 설명드리겠습니다.

기관마다 고유의 설립목적과 운영 사업이 있어 다를 수 있지만 결국은 큰 범주에서 행정직입니다. 정부출연연구기관도 마찬가지입니다. 그러면 이러한 행정사무 직무에 대해 직무를 직접 수행해

본 사람으로서 정확하게 말씀드려볼 수 있도록 하겠습니다.

지금 스마트폰을 켜고 네이버에 직무분석이라고 검색해보세요. 검색해보니 대부분 이론적인 부분에 치우쳐 직무를 제대로 설명하지 못한 글들이 많습니다. 제가 취업을 한창 준비할 때도 직무에 대한 정보를 얻고 싶었으나 제대로 얻지 못했던 적이 많습니다. 그보단 먼저 취업한 선배를 통해서 얻는 게 더욱 좋았습니다.

그리고 공공기관은 직무에 대한 정보가 사기업보다 더 없습니다. 왜냐하면 대부분 직접 직무를 수행해본 사람이 아닌 학원이나 취업 컨설턴트들이 블로그에 포스팅하기 때문입니다. 그러니 제가 설명하는 부분은 믿고 참고하셔도 됩니다.

앞서 국가직무능력표준 사이트(www.ncs.go.kr) NCS에 대해 설명을 드렸었는데요, 이 홈페이지에서 한 가지 예시를 가져왔습니다. 경영, 기획, 사무 – 기획사무 – 경영기획 – 사업환경분석이라고 클릭해서 다운로드했습니다. 그러면 다음과 같은 그림으로 직무에 대한 내용이 등장합니다.

그림을 보시다시피 일목요연하게 직무에 대한 설명 및 정리는 잘 되어있으나, 막상 이걸 보고 지원하는 기업의 직무를 파악하는 데는 한계가 있습니다. 저도 그랬었습니다.

물론 지원하는 기업의 인턴 경험이 있으면, 실무를 조금이라도 해봤기에 면접에서 어필할 수 있는 부분이 있습니다. 하지만 그렇지 않은 대다수의 취업 준비생들은 솔직히 직무에 대해 제대로 논하기가 어렵다고 생각합니다.

그렇기에 다음부터 설명하는 내용을 전체적으로 이해할 수 없다고 하더라도 반복해서 읽어두세요.

분류번호 : 0201010101_15v2
능력단위 명칭 : 사업환경 분석
능력단위 정의 : 사업환경 분석이란 기업의 내부환경 분석과 외부환경 분석 과정을
거쳐 사업의 핵심성공요소를 도출하는 능력이다

능력단위 요소	수행준거

0201010101_15v2
내부환경 분석하기
	1.1 경쟁사 대비 자사의 핵심역량 분석을 위해 기업의 제품
	      강점과 약점을 파악할 수 있다.
	1.2 경쟁사 대비 자사의 핵심역략 분석을 위해 기업의 서비
	      스 강점과 약점을 파악할 수 있다.
	1.3 자사의 내부인적자원요수, 자금력, 기술력, 조직력과 같
	      은 내부역량분석을 할 수 있다.
	1.4 자사의 사업구조를 파악하고 집중, 진입, 유지, 퇴출과
	      같은 전략수행의 기준을 설정할 수 있다.

	[지식]
	   핵심역량의 개념
	   ● 기업 경영자원(유형, 무형, 인적자원)의 개념
	   ● 자사의 사업구조와 실적에 대한 개념

	[기술]
	   경영환경분석
	   ● 분석대상 항목별 주요정보 파악 · 정리 기술
	   ● 분석결과로부터 시사점 도출 기술

0201010101_15v2.2
외부환경 분석하기
	[태도]
	   자사의 보유역량에 대한 냉철한 판단 자세
	   ● 내부역량을 객관적으로 분석하려는 자세
	   ● 자사의 사업구조를 명확히 파악하려는 자세

	2.1 기업경영에 영향을 미치는 외부 환경을 글로벌 거시환
	      경과 국내 거시환경 측면에서 파악할 수 있다.
	2.2 경쟁자를 정의하고 분류하며, 경쟁자의 강점과 약점을
	      정리할 수 있다.
	2.3 고객을 정의하고 분류하며, 고객의 소비패턴변화를 파악
	      하여 고객구매요인과 최종 소비자의 특성을 도출할 수
	      있다.

	[지식]
	   거시환경 분석 단계별 프로세스
	   ● 경쟁자에 대한 정의
	   ● 고객 · 소비자에 대한 정의

	[기술] 외부환경 분석기법

넷,
공공기관 면접 준비하기

먼저, 공공기관 행정직무(이하 행정, 사무)를 조직(부서) 구분에 따라 크게 두 가지로 나눠보겠습니다. 첫째 지원부서입니다. 일반적으로 말하는 총무, 회계, 기획, 감사팀등에 소속되어 근무하는 겁니다. 지원부서는 쉽게 말해 기관이 잘 운영될 수 있도록 운영 및 관리의 직무를 수행한다고 생각하면 됩니다. 구체적인 직무로는 급여지급, 예산관리, 내외부감사, 기관평가, 용역계약, 홍보등이 있습니다. 그리고 공공기관 대부분이 순환 보직을 하고 있으므로, 한 부서에만 소속되어 계속 일하지 않는다는 점은 참고해 주시면 됩니다.

둘째는 사업부서입니다. 말 그대로 사업부서에 속하며, 정부 부처(기재부, 중기부, 과기부 등)의 예산을 위탁받아 관련 사업을 차질 없

이 진행하는 것입니다. 보통 사업은 1년 단위로 진행됩니다. 관련 사업이 원활하게 진행될 수 있도록 사업 기획도 하고 필요시 회의, 국내외 출장 등을 함께 진행합니다. 이러한 것들을 수행하기 위해서는 기본적으로 다양한 이해관계자들과의 소통(비즈니스 매너)이 필요합니다.

지원부서든 사업부서든 직무를 수행하기 위한 한 가지 공통점을 발견할 수 있는데요, 바로 '문서작성'입니다. 공공기관의 일은 문서로 시작해서 문서로 끝난다고 해도 과언이 아닙니다. 소프트웨어인 한글이나 엑셀을 활용하여 수많은 문서들을 생성합니다. 회사에서 일을 하게 되면 아시겠지만, 문서를 기안한다고 합니다. 정부 각 부처 홈페이지에 들어가면 다양한 문서들을 무료로 다운받아 보실 수 있습니다. ○○○기획(안), ○○○○과보고서 등 끊임없이 직무와 관련한 문서들이 생성됩니다. 그리고 이렇게 만들어진 문서를 바탕으로 최종 컨트롤타워인 청와대까지 보고가 되는 것입니다.

따라서 면접에서 관련 역량을 어필할 때 문서작성 능력에 대해서 어필하는 것이 중요합니다. 누구나 대학교 재학시절에도 과제나 보고서를 통해 문서들을 작성해 볼 것입니다. 문서를 어떻게 작성하고 관리했는지에 대해 한 번쯤 생각해 보면 면접을 대비하는데 좋을 것이라 생각합니다. 관련하여, 면접 답변을 예시로 알아보겠습니다.

답변 ○○기관에서 일하기 위한 직무능력을 갖추고 지원하였습니다. 대학에서 ○○학을 전공하며 ○○수업, ○○수업을 통해 지원 직무(행정)과 관련한 지식을 쌓았습니다.

○○과목의 경우 공부해야 할 내용도 많고 수시시험도 많았습니다. 저는 이러한 과목 특성을 반영하여 공부한 내용을 매일 한글에다 일목요연하게 정리하는 습관을 들였습니다.

노력의 결과 중간고사나 기말고사 기간에 많은 도움을 받을 수 있었습니다. 이를 통해 문서를 작성하고 관리하는 것의 중요성을 깨달았습니다. ○○기관에 입사해서도 이러한 습관을 바탕으로 한 장의 보고서도 제대로 작성하는 직원이 되겠습니다.

위와 같이 면접에서 직무 역량과 관련한 답변을 하면 특별한 직무 관련 경험이 없어도 본인의 경험을 토대로 직무 관련 답변을 할 수 있게 되는 겁니다.

둘째로는 직무 수행 태도에 대해 말씀드려 보겠습니다. 앞서 간단히 말씀드렸듯 공공기관에서 행정직으로 일을 하다 보면 다양한 사람들과 소통하며 일을 해야 합니다. 물론 다른 일반 기업도 마찬가지겠지요. 하지만 공공기관은 국민의 세금으로 운영되는 기관이므로 더욱 엄격한 잣대가 적용됩니다. 말 한번 잘못했다가 민원인이 국민신문고에도 올릴 수 있습니다. 그러니까 더더욱 결국 말과 행동을 조심해야 하고, 신중하고 꼼꼼하게 일하는 습관이 중요하다는 것을 알게 됩니다. 이러한 부분을 생각하며 면접에 어필하는 것이 좋습니다.

마지막으로 행정직무와 관련한 지식적인 부분에 대해 말씀드려 보겠습니다. 사실 대학에서 경영학이나 행정학을 전공하신 분들은 조금 쉬울 수 있습니다. 대학교에서 관련 전공을 하셨다면 조직, 인사, 전략 등에 대한 기본적인 내용을 배울 수 있기 때문입니다. 자기소개서에 학교 관련 교육을 적을 때 수월합니다. 물론 100% 이점이 있는 것은 아닙니다. 그럼 관련 전공을 하지 않은 분들은 어떻게 해야 할까요? 인턴을 해 보는 것을 추천 드립니다.

면접에서 직무 지식 관련한 부분으로 어필하기 좋은 경험은 인턴이기 때문입니다. 가고 싶은 기업도 좋고, 아니라고 할지라도 공공기관에서 대학생 때나 취준생일 때 인턴은 꼭 한번 경험해 보라고 말씀드리고 싶습니다. 인턴을 하게 되면 기관이 전반적으로 어떻게 운영되고 있는지 알 수 있는 부분이 많습니다. 행정직무에 대해서 정확히 알게 되는 것입니다. 그래서 공공기관 중에는 인턴을 해본 지원자에게 가점을 주는 경우가 많습니다. 인턴의 기간이 6개월이든, 1년이든 좋은 기회가 온다면 지원해 보세요. 인턴은 아무래도 정규직보다는 뽑는 기관이 훨씬 많고 경쟁률도 그렇게 높지 않아서 자기소개서만 잘 쓴다면 합격할 수 있는 확률이 높습니다. 인턴 생활은 회사와 직무분석을 위한 가장 좋은 경험이 될 것입니다.

면접을 수십 번 보고 깨달은 것들

저는 대학교 4학년 때 본격적으로 취업을 준비하고, 가장 최근까지도 공공기관 면접을 봤습니다. 그렇게 다양한 기업의 면접 유형을 경험하고 나니, 왠지 모를 자신감이 생겼습니다. 맨 처음 면접을 볼 때만 해도 조마조마하고 면접에 내 모든 걸 거는 심정이었다면, 지금은 그렇지 않습니다. 어느 순간부터는 면접관에게 잘 보이기 위해 말하지 않고, 내가 가진 것을 최대한 차분하게 잘 보여주자는 마음으로 태도가 바뀌었습니다. 면접에 대한 다양한 경험이 필요하겠지만, 실제 합격을 위해서는 이러한 마음가짐이 필요하다고 먼저 말씀드리고 싶습니다.

그럼 제가 면접을 보며 보고 느낀 것들을 가감 없이 몇 가지 말씀드리겠습니다. 최대한 객관적으로 말씀드리려 합니다. 면접을 준비하면서 먼저 취업한 선배들도 만나보고, 유튜브도 보고 다방면으로 노력을 해봤기에 객관적으로 말할 수 있습니다.

첫 번째, 어떠한 면접이든 간에 미리 이미지 트레이닝을 하고 면접을 보는 게 좋습니다. 만약 가능하다면 면접 장소에 미리 가보는 것도 중요합니다. 마치 면접장에 온 것처럼 상상을 해보는 게 좋은 것이 실제 면접을 볼 때 마음의 안정을 어느 정도 줍니다. 이미지 트레이닝이 주는 효과는 생각보다 큽니다. 면접 장소뿐 아니라 면접 전반에 대해 생각해 보는 것이 좋습니다. 면접의 A부터 Z까지 모두 생각해 보는 것입니다.

둘째, 본인만의 합격 면접 시나리오를 만들어 놓는 것입니다. 면접을 처음 보는 분이시라면, 자기소개서를 달달 외울 것이 눈에 훤히 보입니다. 하지만 안타깝게도 실제 면접장에서는 외우지 못한 부분에 대한 압박 면접이 들어올 수 있습니다. 말 그대로 허를 찌르는 질문이지요. 이러한 질문에 임기응변이라도 제대로 대답하지 못한다면, 합격과는 거리가 멀어질 수 있습니다. 물론 100%는 아닙니다. 다른 질문에 대해 깔끔하게 대답했다면 합격의 불씨는 살아있습니다.

반면 어느 정도 면접을 경험했던 분이시면, 본인만의 합격 시나리오를 아마 갖고 계실 겁니다. 저도 나름대로의 면접 경험을 바탕으로 합격 시나리오 데이터를 정립해 두었습니다. 시나리오는 말 그대로 질문에 대한 대답 사항을 미리 만들어 놓는 것입니다. 내가 면접관이라면 어떤 질문을 할 것인가를 생각하며 자기소개서를 만들면 됩니다. 그리고 앞서 말씀드렸던 이미지 트레이닝에 시나리오를 포함시켜 연습하시면 됩니다. 연습은 많이 할수록, 오래 할수록 좋습니다. 면접에 대한 자신감이 조금씩 생기게 됩니다.

구체적인 예시로 알아보겠습니다.

시나리오

질문 지원자가 생각하기에 본인의 장점은 무엇이고, 그 장점을 발휘해서 좋은 결과를 낸 경험이 있다면 구체적으로 설명해주세요.

답변 네 답변 드리겠습니다. 저는 '계획을 세우면 실천한다'는 장점을 갖고 있습니다. 학창시절 항상 뭔가를 준비하면 목표를 세워 준비했었습니다. 꾸준한 노력만이 목표를 달성할 수 있다고 생각했기 때문입니다. 실제 ○○자격증을 따기 위해 3개월 동안 계획을 세워 공부하였고 노력의 결과 자격증을 취득할 수 있었습니다. ○○회사에 입사해서도 이러한 마음가짐으로 맡은 업무를 해낼 수 있도록 하겠습니다.

이렇게 자기소개서를 기반으로 하여 공통질문과 하나의 답변을 만들어냈습니다. 질문사항은 얼마든지 인터넷이나 주변에 먼저 취업한 사람들을 통해 정보를 얻을 수 있으니 나름대로 한번 정리해 보세요. 면접을 대비하는 데 있어 좋은 경험이 될 것이고 만들어진 시나리오는 본인만의 강력한 무기가 될 것입니다.

셋째, 실제 면접장에서는 두괄식으로 짧게 대답합니다. 면접관들은 하루에도 많은 지원자들을 대상으로 면접을 진행합니다. 한번쯤 지원자와 면접관의 입장을 바꿔 생각해 봅시다. 똑같은 질문, 똑같은 답변 듣는 사람 입장에서 지루하지 않을까요? 그래서 어떤 면접관들은 면접 시작에 앞서 짧게 대답하라고 하는 경우가 많습니다. 저도 면접을 다니면서 그러한 면접관들을 만났던 기억이 있습니다. 일부 지원자들은 짧은 시간 안에 본인을 최대한 어필하기 위해 길게 말하는 지원자들이 많습니다. 거기다가 말의 속도까지 빠릅니다. 같은 지원자 입장에서도 어떤 말을 하고 싶은 건지 잘 몰랐습니다.

그렇기 때문에 무조건 질문사항에 대해 짧게 대답하는 연습을 하는 것이 좋습니다. 핵심을 파악한 간결한 대답은 면접관에게 좋은 인상을 남길 수 있습니다. 그리고 짧게 말했다고 해서 걱정할 것은 없습니다. 면접관 입장에서 추가적으로 궁금한 사항이 있으면 다시 질문하게 되어 있습니다. 그렇게 질문을 유도하는 것이 더욱 현명한 방법이라 말씀드릴 수 있습니다.

넷째, 면접을 보고 난 후 절대 후회하지 마세요. 주변에 보면 면접을 보고 와서 제대로 답변하지 못해서 후회된다고 하는 경우를 많이 봤습니다. A라고 말하지 말걸… 중언부언하는 게 아니었는데… 등 면접만 보고 나면 실수 투성이었다는 생각이 듭니다. 그렇게 생각하면 결국 본인만 마음 아프고 다음 시험을 제대로 준비할 수 없습니다. 이미 지나간 일에 대해서는 과감하게 정리할 줄 아는 것도 살아가며 중요하다고 생각합니다. 면접에 최선을 다했으면 그걸로 만족하면 됩니다. 그리고 평소대로 겸허히 최종 결과를 기다리면 됩니다. 저도 처음 면접을 볼 때만 해도 꼭 이 기업에 붙어야 돼, 면접 잘 봐야 할텐데라는 생각을 수도 없이 머릿속으로 되뇌었습니다. 그런데 신기하게도 그런 생각을 한 기업은 최종 합격을 하지 못했습니다. 오히려 마음을 편하게 가지고 면접에 임한 기업에 최종 합격을 할 수 있었습니다. 그러니까 여러분들도 편안한 마음을 가지고 기다리면 오히려 좋은 결과가 있을 수 있습니다. 이미 지나간 면접, 후회하지 마세요.

마지막은 스스로를 다른 지원자와 비교하지 말라입니다. 사기업이든 공공기관이든 면접에 가면 다른 지원자와 조를 이루어 면접을 보는 경우가 있습니다. 일부 지원자가 말을 청산유수로 잘하면 괜히 위축되고 나는 저렇게 하지 못하면 어쩌지라는 생각을 하실 겁니다. 하지만 그럴수록 사람의 마음이라는 게 더욱 제대로 말을 못 하게 됩니다. 다른 지원자는 다른 사람이라고 생각하는 것이 편합니다. 나는 내가 준비 한대로 다 보여준다는 생각으로 면접에 임하면 더욱 좋습니다. 다른 지원자와 본인을 비교할수록 면접에서 불합격할 가능성이 많습니다. 오히려 다른 지원자의 좋은 점이 있다면 벤치마킹하는 게 좋습니다. 왜냐하면 면접에서 본인의 약점일 수도 있기 때문입니다. 원래 사람은 누구나 자기가 갖지 못한 것을 부러워하고 동경합니다. 본인이 느끼기에도 면접을 잘하는 사람이 있으면 면접관 입장에서도 잘하는 것으로 보입니다. 다만, 그런 지원자가 100% 최종 합격하는 것은 아닙니다. 실제 면접에서는 다양한 변수들이 생길 여지가 있기 때문입니다. 그러니 절대 주눅 들지 말고 당당하게 본인이 준비했던 부분을 다 보여주기 위해 노력하세요. 다만, 다른 지원자가 말할 때는 경청하는 태도로 임하면 됩니다.

면접을 많이 봤던 경험을 바탕으로 깨달았던 것들을 몇 가지 말씀드렸습니다. 글로 읽는 것과 실전 면접은 너무나 다르다는 것을 알고 있습니다. 그래도 이 글을 마음에 새기고 실천하기 위해 노력하시면 언젠가는 습관이 되고 합격으로 한 발자국 더 나아가실 수 있을 것이라 생각합니다.

넷.
공공기관 면접 준비하기

공공기관 vs 사기업 면접 차이는

앞서 필기시험의 차이에 대해서 말씀드렸는데 면접도 차이가 있어 이번 장에서 설명드리고자 합니다. 공공기관만을 준비하는 사람인데 굳이 사기업 면접에 대해서 알고 있어야 할까요?라고 질문하시는 분도 있으실 겁니다.

그렇게 질문하시면 '네 알고 있는 게 좋습니다'라고 단호하게 말씀드릴 겁니다. 시중에 나와 있는 책들 중 공공기관과 사기업 면접을 서로 비교, 대조하면서 자세하게 설명한 책은 거의 없는 것으로 알고 있습니다. 그래서 이번 장을 읽고 나면 면접이 결국은 이런 거구나, 이런 차이들이 있구나 하는 것을 간접적으로 나마 알게 되실 겁니다.

최근 공공기관-사기업 간 이직을 많이 하고 있습니다. 그래서 공공기관과 사기업 면접의 차이를 알고 있는 지원자는 합격할 확률이 높아집니다. 어떻게 보면 슬프지만 우리는 취업을 위한 맞춤형 인재?가 되어야 합니다.

면접 방식의 차이에 대해 말씀 드리겠습니다. 먼저, 사기업의 면접은 기본적으로 압박 면접이 많습니다. 왜 그럴까요? 설립목적을 알면 이해가 쉽습니다. 끊임없이 부가가치를 창출해야 하기 때문입니다. 영업, 품질관리, CS, 홍보 등의 세부 직무는 다른 사람들과 협상하고 소통하여 판매와 관리 등을 해야 합니다. 그 과정에서 많은 갈등이 있을 것입니다. 그것들을 이겨내기 위해서 지원자의 인내심과 대처 능력을 평가해야 합니다. 그래서 꼬리에 꼬리를 무는 질문을 통해 압박면접을 합니다. 반면, 공공기관 면접의 경우 압박 면접을 거의 하지 않습니다. 사실 국민의 세금으로 운영되기에 우선 망할 가능성이 거의 없습니다. 그래서인지 면접에도 여유가 조금 있습니다. 압박 질문보다는 공통 질문을 하는 경우가 많았습니다.

두 번째는 질문의 난이도입니다. 앞서 말씀드렸듯 사기업은 압박 면접을 통해 난이도가 높은 질문을 종종 합니다. 만약 지원자가 자기소개서에 어떤 금융용어에 대해 썼다면, 관련하여 최근에 읽은 기사는 무엇이고 본인의 생각은 어떠한지라는 질문이 나올 수 있습니다. 실제로 알고 있는지 철저하게 검증하는 면접이 사기업 면접입니다. 반면 공공기관 면접의 경우 자기소개서를 기반으로 인성이나 태도 위주로 검증하는 면접을 진행합니다. 구조화 면접이라고 해서 평가표에 면접 질문 자체가 기본적으로 주어지는 기관도 있습니다. 그런 곳은 면접관이 평가표에 주어진 질문만을 하게 됩니다.

세 번째는 직무와 관련한 질문입니다. 사기업의 경우 지원한 직무와 관련하여 직·간접적인 질문을 묻는 경우가 많습니다. 물론 자기소개서 기반으로 이뤄지긴 하지만 직무와 관련한 시사, 이슈 등 질문의 범위가 꽤 넓습니다. 이때 직무에 대해 어설프게 알고 있는데 아는 척을 하면 금방 들통나게 되니 아는 선에서만 대답하는게 좋습니다. 반면 공공기관의 경우 NCS에 기반하여 자기소개서 위주로 질문하는 경우가 많습니다. 아니면 NCS 역량 관련 공통질문을 통해 지원자별로 답변할 수 있는 기회를 줍니다. 사기업은 면접관이 관심 있는 지원자의 경우 질문을 더 많이 하는 경우가 있습니다. 그래서 반대로 거의 질문을 받지 못하는 지원자도 생기게 됩니다.

그럼 제가 면접 봤었던 실제 사기업과 공공기관의 사례를 말씀 드리면서 이해를 돕도록 하겠습니다.

정유회사 A사 최종면접 상황설명

대학 4학년 2학기 재학시절 대기업인 정유회사 A사 최종 면접을 봤었습니다. 제가 지원했던 직무는 영업관리 직무였습니다. 서울역 근처 있는 A 빌딩에서 면접을 봤었습니다. 면접을 함께 봤었던 지원자는 저를 포함해 6명 정도 되었습니다. 면접장에 들어가자 가장 가운데 사장님이 계셨고 양쪽에 2명씩 총 5명의 면접관이 있었습니다. 한 명씩 돌아가며 멋지게 1분 자기소개서를 하라고 하셔서 준비해 간 자기소개를 했습니다. 다른 지원자들의 이야기를 들어보니 각자 본인만의 스토리가 있다는 것을 느낄 수 있었습니다. 자기소개가 끝난 후 면접관별로 개별 질문이 이어졌습니다. 제가 받은 질문 중에 기억나는 것은 주유소 사장님하고 어떤 방법을 통해 기름에 대한 가격 협상을 할 것인지 구체적으로 설명해보라고 했습니다. 이것은 직무와 관련한 질문이라고 판단하였고, 적극적인 성격과 소통 역량으로 회사에 최대한 손해를 보지 않는 선에서 잘 해결하겠다는 식으로 대답했습니다. 면접에 정도는 있어도 정답은 없으니까요. 이렇게 대답을 하자 질문이 이어졌습니다. 본인이 소통 역량이 강점이라고 말했는데, 그러면 소통 역량을 통해 문제를 해결해 본 다른 경험이 있는지 말해 보라고 말입니다. 관련 경험이 있기에 간략하게 말씀드렸습니다. 이 질문은 제가 했던 말을 검증하기 위한 추가 질문이었습니다. 각 지원자별로 질문이 끝나고 마지막으로 하고 싶은 말을 하고 싶은 사람부터 손들고 하라고 했습니다. 저는 다른 지원자가 순서대로 하고 거의 마지막쯤에 말했습니다. 회사의 이윤을 창출하는 제대로 직무를 수행하는 A 회사 직원이 되겠다는 말이었습니다.

최종 면접 결과는 최종적으로 불합격했지만 최종 면접까지 갈수 있었다는 것만으로 마음에 위안을 삼았습니다. 대기업의 경우 보통 지원자가 만 명이 넘고 최종 면접까지 올라온 지원자가 제 기억으로 10명 안팎이었기 때문입니다.

B연구원 최종면접 상황설명

2017년 5월에 공공기관인 B 연구원의 최종면접을 봤습니다. 면접은 다대다면접(면접관4, 지원자4)이었고 지원자 간 토론면접, 자기소개서 기반 면접 순으로 진행되었습니다. 토론면접의 주제는 경제와 관련한 주제였습니다. 정확한 주제는 기억이 나지 않지만, 크게 어려웠던 주제는 아니었습니다. 저는 최대한 다른 사람의 의견을 듣는 쪽에 신경 써서 토론면접에 임했습니다. 토론면접을 볼 때 상대방을 이겨야 한다는 착각을 갖고 있는 지원자가 있습니다. 결론부터 말씀드리면 토론에 이기지 못해도 됩니다. 상대방의 주장에 대해 잘못된 부분이 있으면 논리적으로 부드럽게 말해도 됩니다. 그 과정에서 다른 지원자의 의견을 경청하는 태도가 더 중요합니다. 공공기관의 토론 면접은 다른 사람과 갈등이 있을 때 어떻게 해결하는지 평가하려고 합니다. 갈등을 원만하게 해결하는 것을 원하지, 상대방을 강하게 공격하면서 해결하기를 원하지 않습니다. 공공기관 입장에서 그러면 갑질이 되기도 합니다.

토론 면접 후 자기소개서 기반 면접을 진행했습니다. 앞서 말씀 드렸던 정유회사 A사와 마찬가지로 한 명씩 돌아가면서 짧게 자기 소개를 했습니다. 여기서 한 가지 말씀드리고 싶은 것은 1분 자기소개는 면접 공통질문이라는 것입니다. 면접을 많이 다녀보시면 느끼겠지만 확률상 공통적으로 나오는 질문들이 몇 가지 있습니다. 그 중 가장 많이 나오는 질문이 1분 자기소개입니다. 사실 1분 자기소개를 할 때 서류 검토하느라 잘 듣는 면접관은 많지 않지만, 임팩트 있게 준비하는 것이 중요합니다. 참고하시길 바랍니다.

돌아가며 자기소개 후 NCS에 기반하여 질문을 받았습니다. 성격의 장단점은 무엇인지, 인턴 생활을 하며 어떤 것을 했는지 물어봤습니다. 꼬리에 꼬리를 묻는 질문을 하는 압박면접도 없었습니다. 그리고 마찬가지로 마지막 하고 싶은 말을 30초 정도 짧게 했습니다. 평소 공공기관에 관심을 갖고 있었고, 다양한 경험을 통해 쌓은 역량을 바탕으로 기관 발전을 위해 제대로 하는 직원이 되겠다라고 말했던 기억이 납니다.

제 진심이 면접관에게 닿았는지는 모르겠지만, B 연구원은 정규직으로 최종 합격하여 2017년 6월부터 근무를 하게 되었습니다.

사기업과 공공기관 면접의 차이를 제 사례를 바탕으로 말씀드렸습니다. 면접이 어떤 흐름으로 진행되는지 이해가 되셨을 거라 생각합니다. 이미지트레이닝을 수없이 해도 면접장에 가면 긴장하게 됩니다. 그럴 때마다 마음을 편하게 가지려 노력해야 합니다. 가장 좋은 것은 근거 있는 자신감을 갖는 것입니다. 많이 연습했으니까, 준비한 만큼은 보여주면 합격할 수 있을 거라는 긍정적인 마음가짐 말입니다.

넷,
공공기관 면접 준비하기

면접은 솔직히 운도 작용한다

옛말에 '운칠기삼'이라는 말이 있습니다. 사람이 살아가면서 일어나는 일의 성패가 운에 달려있다는 뜻입니다. 운칠기삼을 말씀드리는 이유는 면접에서도 운이 작용하기 때문입니다. 물론 노력이 중요하지 않다는 말은 아닙니다. 어떤 기업의 면접은 술술 잘 풀리는 느낌인데, 또 어떤 면접은 처음부터 느낌이 뭔가 좋지 못합니다. 면접을 보셨다면 한 번쯤은 이런 느낌을 받아 보셨을 수도 있습니다. 또 면접이 본인이 생각한 대로 잘 풀린다고 해서 그 기업에 100% 최종 합격하는 것은 아닙니다. 그래도 합격할 확률이 높습니다. 그렇게 본다면 운에 취업의 운명을 맡겨야 할까요? 전혀 아닙니다. 그런 운은 면접을 철저하게 준비한 사람에게 올 가능성이 높습니다. 아무 준비도 안하고 간 사람한테 올 일은 거의 없습니다.

그래도 운을 만들어낼 수 있는 나름의 체계가 있습니다. 먼저 면접관들의 관심을 끌만한 자기소개서를 작성해야 합니다. 잘 작성된 하나의 자기소개서는 열 개의 쓸데없는 자기소개서보다 훨씬 가치가 있습니다. 직무분석, 기업분석, 자기분석을 통해 하나의 완성된 자기소개서를 만드는 데 시간을 투자해야 합니다. 직무—기업—

본인 분석이 톱니바퀴처럼 맞아떨어질 때 면접에서 본인의 진가가 드러난다고 생각합니다.

　어떤 지원자가 한국전력공사 기술직(전기)으로 지원한다고 가정합시다. 지원자는 대학교에서 전기공학을 전공하였고 전기기사 자격증을 갖고 있습니다. 관련 직무로 공공기관에서 인턴도 3개월 동안 했습니다. 평소 어떤 일을 할 때 꼼꼼하게 하는 성격이며, 대학교 재학시절 학생회 활동을 통해 책임감을 갖고 일을 추진한 경험이 있습니다. 이 지원자가 앞서 나열했던 것들을 적절하게 잘 풀어서 자기소개서를 쓰면 거의 합격합니다. 그리고 면접에서도 그렇지 않은 지원자에 비해 면접관의 관심을 받게 됩니다. 회사 입장에서는 항상 가장 일을 잘 할 수 있는 사람을 뽑지, 애매한 사람을 뽑지 않습니다. 애매한 사람은 나중에 퇴사할 가능성이 있기 때문입니다. 저도 대학에서 경영학을 전공했고, 다양한 경험을 갖고 있었기에 금융권, 사기업 등의 자기소개서를 쓸 때 다른 전공자보다는 크게 어렵지 않게 작성하여 제출할 수 있었습니다. 그리고 면접에 가서 관련 지식과 경험으로 어필하여 최종 합격을 했던 적이 있었습니다.

　둘째, 면접은 공부해야 합니다. 아니 필기시험도 아닌데 면접을 따로 공부하라구요?라고 말씀하실 수 있습니다. 면접은 보통 혼자 준비하거나 스터디를 통해 준비합니다. 코로나19 이후로는 혼자 면접을 준비하는 사람들이 많을 것입니다. 그러면 보통 불안해합니다. 내가 지금 공부하고 준비하는 게 맞는 것인지? 라는 생각입니다. 그것에 대해 전혀 걱정할 필요 없습니다. 당장 유튜브나 인터넷만 검색해봐도 다양한 면접 강의들과 후기들이 있습니다. 저도 유튜브의 영상들을 활용하여 면접 준비를 했었고 최종 합격했던 공공

넷.
공공기관 면접 준비하기

기관(연구원)이 있었습니다. 여러분들도 취업이 절실하다면 절실한 마음으로 면접을 공부해야 합니다. 거울을 보고 수시로 말투, 높낮이 연습도 하고, 집에 있는 시간이 많으니 가족들과 모의 면접을 해봐도 좋습니다. 본인을 가장 잘 알고 있는 사람은 가족이기 때문입니다. 지원자가 부족한 부분을 정확하게 피드백해줄 가능성이 높습니다.

이처럼 면접은 평소에도 시간을 들여 꾸준하게 대비할 필요가 있습니다. 하루아침에 좋은 면접을 볼 순 없습니다. 취업을 마음먹은 이상 면접은 피할 수 없는 단계입니다. 평소 철저한 공부와 대비를 통해 실전에서 제대로 면접을 볼 수 있는 것입니다. 처음이 어렵지만 계속 면접을 준비하고 직접 경험하다 보면 자신감도 생기고, 합격의 가능성도 높아집니다. 저도 면접을 한창 보러 다닐 때 두렵기도 하고 면접에서 불합격도 꽤 했습니다. 그럼에도 불구하고 자신을 믿었습니다. 분명 나름대로 열심히 준비도 했기에 언젠가는 최종 합격을 할 수 있다고 생각했습니다. 그냥 단순히 합격한다는 믿음은 아니었습니다. 할 수 있다는 자신감은, 그에 맞는 노력이 어느 정도 뒷받침되어야 나오는 것이기 때문입니다.

공공기관에 최종 합격 후 주변 지인들에게 어떻게 붙었는지, 과정은 어땠는지 물어보는 질문을 받았던 적이 있습니다. 그럴 때마다 저의 대답은 비슷했습니다. "솔직히 운으로 붙은 것 같다. 다른 지원자들도 면접에서 대답을 잘했다"라고 말입니다. 실제로 면접장에 들어가서 다른 지원자의 자기소개, 발표를 듣다 보면 그런 생각이 듭니다. 지원자도 사람인지라 어떤 지원자가 더 면접을 잘 봤는지 나름 마음속으로 분석하게 됩니다.

그래서 최종 합격 후에는 항상 겸손한 마음으로 대답을 했었는데 그게 '운이 좋았다'라는 말로 표현했던 것이었습니다. 물론 내가 다른 지원자보다 기업의 인재상이나, 면접내용 등이 더 좋아서 채용이 되었겠지만, 자신감과 별개로 겸손한 마음을 늘 갖고 있어야 합니다. 이것은 채용 후 회사에 입사해서도 마찬가지입니다. 회사에 입사하게 되면, 실력을 갈고닦은 선배, 동료 직원분들이 많이 있습니다. 신입사원이라면 높은 경쟁률을 뚫고 입사했지만, 회사 입장에서는 신입 직원일 뿐입니다. 그래서 최종 합격은 끝이 아닌 새로운 시작이라고 말씀드리고 싶습니다. 신입사원으로써 겸손한 마음가짐으로 회사 생활에 임한다면, 회사에서도 성과를 내는 인정받는 직원으로 성장할 가능성이 높다고 생각합니다.

어떤 마음가짐으로 면접에 임하고 회사 생활에 임할 것인지 한 번쯤은 스스로를 돌아보며 생각해보면 좋으니, 자기만의 시간을 갖길 바랍니다. '면접은 솔직히 운도 작용합니다'라는 말을 더 이해하시게 될 날이 올 거라 생각합니다.

신입과 경력은 면접의 방향도 다르다

공공기관을 준비하는 지원자들은 두 분류로 나뉩니다. 대학교를 졸업하고 바로 취업을 준비하는 신입사원형, 사기업이나 공공기관에서 근무하다 다른 곳으로 이직을 원하는 중고 신입(경력)형입니다. 몇 번 이직을 해본 사람으로서 말씀드리면, 갈수록 공공기관에서도 조금이라도 직무 경험을 갖고 있는 사람을 채용하길 원하고 있다는 것을 느낍니다. 아마도 신입사원을 채용하면 교육도 해야 하고 본인의 몫을 해내려면 시간이 걸리니 인력 운영을 효율적으로 하기 위해서가 아닐까 생각합니다. 〈YTN 기사〉에 따르면, "신입직 구직자들이 스스로 생각하는 취업이 안되거나 어려운 이유로 '직무 관련 아르바이트 경험 및 인턴 경력'이 부족해서가 응답률 39.2%로 가장 많았다"라고 합니다.

즉, 신입직원으로 입사하기 위해서 지원자 스스로 직무 경험이 부족하다고 느끼고 있으며, 회사에서도 그런 경험을 중요시한다는 알 수 있습니다.

그렇다고 해서 신입사원 전형에 갓 대학을 졸업한 취업 준비생이 합격 못 한다는 근거는 없습니다. 저도 대학교를 졸업하고 정부출연연구기관 인턴을 했었는데, 인턴을 한 지 약 3개월에 다른 공공기관 정규직(행정직)에 최종 합격을 했었습니다.

그 당시 다른 지원자들은 대기업 경력, 다른 공공기관 경력 등을 갖고 있었습니다. 저는 딸랑 인턴으로 회사를 다니고 있던 중이었습니다. 그러니 본인이 완전 신입이라고 해서 주눅들 필요는 없다는 것을 미리 말씀드립니다.

그러면 신입사원형, 중고 신입(경력) 형은 각각 어떻게 면접에 임하는 것이 좋을지 몇 가지를 말씀드릴까 합니다.

먼저 신입사원형은 학교에 다니면서 했던 대내외 활동 중, 직무와 관련된 내용을 잘 어필해야 합니다. 어차피 기업 입장에서도 신입사원은 경력이 없지만, 그 사람의 미래 가치를 보고 채용하는 것입니다. 내가 직무나 기업과 관련하여 어떤 부분이 연관성이 높고 어떤 노력을 했는지 구체적으로 수치, 성과를 통해 보여주는 방향으로 면접에 임해야 합니다. 예로, 저는 한창 취업 준비할 때 금융권(은행, 보험, 증권사) 사기업을 준비하고 면접을 봤던 적이 있었습니다. 그때 내가 금융 직무와 관련하여 어떤 노력(자격증 취득, 교육 이수 등)을 했는지를 면접에 어필했습니다. 물론 100% 금융과 관련한 질문을 하지 않기에 준비해간 대답을 다 하진 못하였지만, 기본적으로 지원 직무 중심으로 대답을 했습니다. 그래서 대학교 졸업하기 전에 한 외국계 보험회사 A사의 채용전제형 인턴십 '자동차 보상직'으로 최종 합격할 수 있었습니다.

둘째, 신입사원 채용의 경우, 본인의 가치관과 태도를 지원 기업의 인재상, 비전에 맞게 보여주어야 합니다. 모든 기업을 관통하는 가치관도 있습니다. 정직, 신뢰, 협력과 같은 가치입니다. 제가 이 책의 앞부분에서 MBTI 성격검사를 한번 해보라는 이유도 이러한 것과 관계가 있습니다. MBTI 성격검사 결과를 바탕으로 본인의 가치관과 회사가 뽑고 싶어하는 사람의 유형을 어느 정도 비교해가며 면접을 대비할 수 있기 때문입니다. 본인의 성격과 어느 정도 일치하는 회사에, 회사가 좋아하는 사람으로 적절하게 포장할 필요는 있습니다. 거짓말을 하라는 건 아닙니다. 결국 우리는 취업이라는 1승이 필요하기 때문입니다. 면접관들도 사실 그런 사람을 선호합니다. 너무 딱딱하고 진지한 사람보다는 대화와 소통에 있어 어느 정도 유연한 사람인지를 판단하는 경우가 많습니다.

마지막으로는 실제 신입사원이 되었다고 가정하고 면접에 임해야 합니다. 수없이 많은 면접을 본 면접관의 입장에서는, 이 지원자가 정말 회사에 관심이 있어 지원했는지 아닌지 얼굴 표정, 대답만 봐도 알 수 있다고 생각합니다. 그런 신입사원 입장에서는 표현하나 하나도 신입사원으로써의 자세를 보여주어야 합니다. 내가 입사하면 어떤 계획을 갖고 일할 것인지, 부족한 역량은 어떻게 채워나갈 것인지, 동료들과는 어떻게 지낼 것인지. 이러한 부분에서 어필을 할 수 있어야 합니다. 앞에 말씀드렸던 겸손한 태도를 바탕으로 말입니다.

그럼 중고신입(경력)자들은 면접에 어떻게 임하는 것이 좋을까요? 첫째, 본인의 경력을 맹신하지 말라입니다. 어느 정도 직무 관련 경력이 있다고 경력만 믿고 면접에 임하시는 분들이 있습니다. 아무리 좋은 경력이라도 그 경력은 이제 과거형입니다. 지원한 기업에서 본인이 갖고 있는 역량을 바탕으로 어떻게 성과를 낼 것인지 구체적으로 본인을 보여주어야 합니다. 어필을 제대로 하지 못한다면, 아무리 관련 경력을 갖고 있다고 해도 불합격할 가능성이 높습니다.

둘째, 본인만의 강점(경험, 지식)을 하나는 보여주어야 합니다. 중고 신입(경력)의 경우에는 아무래도 직무 관련 경력이 있기에 채용될 가능성이 어느 정도는 있습니다. 그러면 경쟁자가 갖고 있지 않은 본인만의 강점을 보여주는 게 좋습니다. 다른 지원자들도 직무와 관련한 경험은 하나 이상은 갖고 있을 것이기 때문입니다.

셋째, 편안한 마음으로 면접에 임하는 것이 좋습니다. 면접을 어느 정도 봤던 입장이기에 면접장의 분위기가 이제는 익숙하실 겁니다. 그리고 회사를 퇴사하지 않고 준비하지 않는 이상 면접에 불합격해도 돌아갈 곳이 있습니다. 물론 마음속으로 돌아가고 싶지 않은 회사겠지만, 백수인 지원자들 보다는 상황이 훨씬 좋습니다. 그러니까 편안한 마음으로 면접에 임하는 게 좋습니다. 오히려 '무조건 내가 합격해야지'라는 마음가짐으로 조급하게 면접에 임하면 불합격할 가능성이 높습니다. 면접관의 관점은 나름 객관적이며, 그러한 모습들이 드러나기 마련입니다.

넷째, 경력에 대한 검증(레퍼런스 체크)에 유의해야 합니다. 일명 평판조회라고 합니다. 중고신입의 경우에는 경력을 갖고 있어 전 직장 경력에 대한 검증이 면접에서 거의 진행됩니다. 사기업의 경우에는 면접이 끝나고 난 후 인사 담당자가 직접 전화를 걸어 물어보는 경우도 있다고 하니, 현재 다니는 회사가 맘에 들지 않더라도 일하는 데까지는 최선을 다해야 합니다. 그래서 자칫 잘못하면 이직 과정에서 당황스러운 상황에 처할 수 있습니다.

중고신입(경력직) 지원자분들은 그러한 부분에 대한 대비를 하라

넷,
공공기관 면접 준비하기

고 말씀드리고 싶고, 직장 경력에 대해 정리를 할 필요가 있습니다. 실제로 제가 두 번째로 입사한 연구원의 경우 전 직장에 전화해 레퍼런스 체크를 했었습니다. 가끔 실제로 하는 경우가 있으니 기존에 다니던 회사에서 업무 인수인계는 마무리하고 이직 하는 게 좋습니다. 어떤 일들을 했고, 성과는 무엇이고, 어떤 문제로 퇴사하게 되었는지 본인이 생각하는 방식으로 정리해 놓으면 좋습니다.

면접 학원, 스피치 학원에 돈 쓰지 마세요

취업을 준비 하다보면 이것저것 생각보다 준비할 게 많습니다. 당장 필기시험을 준비하려고 해도 책이 필요하고, 면접을 대비하기 위해 스피치 학원에 다니기도 합니다. 좋은 이미지를 보여주고 싶어 몇십만 원씩 하는 메이크업을 받기도 합니다. 그래서 이번 장에서는 취업 준비 시 각종 비용(메이크업, 헤어, 정장 대여, 스피치, 면접 학원 등) 에 대해 말씀드릴까 합니다.

우선 저는 위의 어떤 것에도 돈을 1원도 쓴적이 없습니다. 오로지 독학과 취업 스터디 등으로 극복했습니다. 학교 졸업 후 취업 나름대로 잘했습니다. 면접전형도 문제없이 잘 통과했구요, 그래서 위와 같은 명목으로 100만 원 200만 원씩 쓰는 분들은 제 개인적으로는 돈이 좀 아깝다는 생각을 합니다. 돈을 그 정도 들인다고 해서 무조건 합격한다는 보장도 없습니다. 경영학에서 말하는 투자 대비 성과 즉 효율성이 떨어지는 겁니다. 물론 취업 준비생 입장에서 간절하기에 그랬다는 점은 어느 정도 이해는 합니다.

그래도 얼마든지 좋은 방법들이 있기 때문에 말씀을 드리고 싶어 이 글을 쓰게 되었습니다.

다시 본론으로 와서 그렇다고 제 스펙이 엄청 좋은 것도 아니었습니다. 앞서 말씀드렸듯, 지방 거점 국립대를 졸업했고 졸업학점은 3점 대 중반이었습니다. 즉, 누구나 부러워할 만한 9대 스펙이란 걸 가진 게 없습니다.

최종합격메일 (정부출연연구기관)

그럼 이렇게 말씀하시는 분도 있으실 겁니다. "에이 분명 뭔가가 있을 거에요 따로 비법이 있지 않나요?"라고 말입니다. 솔직히말씀드리면, 특별한 비법이라고 할만한 게 없습니다. 다만, 학교 다니면서 다른 사람들과 어떻게 하면 취업시장에서 차별화된 경험 나만의 강점을 가질 수 있을까를 늘 고민했습니다. 그리고 할 수 있는 것들은 하나씩 직접 실천했습니다. 학교 내 취업지원센터도 자주 방문하고, 먼저 취업한 선배들도 직접 만나 직무나 기업과 관련한 각종 정보를 얻기도 했습니다. 학교에서 열리는 기업 취업박람회도 참여했습니다. 취업박람회에는 인사 담당자가 직접 설명하고, 먼저 취업한 선배의 생생한 이야기를 들을 수 있어 매우 좋았습니다.

이렇게 발품을 팔아 정보를 얻은 부분이 오히려 저한테 도움이 많이 되었습니다. 사실 취업준비할 때 많은 학생들이 학교 밖에서 뭐라도 해보려고 하는걸 알고 있습니다. 하지만 교내에서도 좋은 취업 프로그램들이 많이 있는 것으로 알고 있습니다.

학교 지원 프로그램들은 재학생(졸업생)이면 거의 다 무료이고, 직무 관련 경험과 지식을 쌓을 수 있습니다. 어떤 프로그램은 따로 직무 역량을 쌓아주기 위한 프로그램도 있습니다. 물론 교외에도 취업 역량을 쌓기 위한 다양한 프로그램이 존재합니다. 제가 참여했던 프로그램은 KT&G에서 했던 '상상커리어캠프'라는 3박 4일 취업 캠프입니다. 전국에서 모인 약 100여 명의 대학생들이 조를 이뤄 필기시험, 팀 과제, 모의면접 등의 취업 실전 경험을 해보는 것입니다. 지금도 이 프로그램이 운영되고 있는지는 모르겠으나, 개인적으로 이 캠프에 대해 애정을 갖고 있습니다. 전국에서 대학생들이 모이기에 다른 친구들은 어떻게 취업 준비를 하고 있는지 알 수 있는 좋은 기회였기 때문입니다.

그러면 학교에서 배우는 전공 공부만으로는 절대 취업에 성공할 수 없다는 것 누구나 아실 겁니다. 학점이 4.5라고 해서 무조건 취업될까요? 전혀 아닙니다.

취업시장은 과거와 비교하여 많이 달라졌습니다. 반복해서 말씀드렸듯 직무와 본인에 대한 정확한 이해를 바탕으로 일할 수 있는 역량을 보여주어야 합니다. 그래서 스펙이 좋지 않더라도 본인의 노력으로 어느 정도 극복할 수 있습니다. 스펙은 채용 공고문에서 요구하는 최소 스펙만 맞춰주면 됩니다.

그보다 다양한 경험을 통해 세상을 보는 안목을 넓히는게 대학 생활에서 더 중요하다고 말씀드리고 싶습니다. 그게 수도권과 지방

넷.
공공기관 면접 준비하기

대학생들의 차이일 것입니다. 수도권 대학생들끼리의 정보공유는 상당히 잘 이뤄지는 것으로 알고 있습니다. 여기에서부터 차이가 발생한다고 생각합니다.

셀프이미지, 면접도 마찬가지입니다. 이미지의 경우 저는 깔끔하게만 보이면 된다고 생각해서 셀프 스타일링으로 30분 정도 했습니다. 정장은 1~2벌로만 다녔습니다. 면접은 면접 스터디를 꾸리던 취업한 선배나 취업센터의 도움을 받았습니다. 이러한 노력을 통해 다수의 기업에 취업을 하는 좋은 결과를 얻을 수 있었습니다.

다만, 정말 이미지 자체가 중요한 승무원이나 비서 직무 같은 경우는 외모가 조금은 중요할 수도 있습니다. 다른 사람에게 비치는 이미지가 중요한 직업이니까요. 그 외의 직무(행정직, 기술직 등)는 상관관계가 거의 없다고 말씀드릴 수 있겠네요.

그래도 투자할 수 있으면 일부 쓰라고 말씀드리고 싶은 것이 있습니다. 바로 본인의 역량을 쌓기 위한 공부입니다. 예를 들면, 개발자로서의 역량을 쌓기 위한 프로그래밍 교육, 필기시험 합격을 위한 NCS 인강, 전공시험 인강 등이 있겠네요.

다만 여기에도 과도한 비용은 지출하지 마시길 바랍니다. 어차피 의지가 충만하지 않는 이상 꾸준히 듣기 어려운 게 교육입니다. 힘들게 인턴, 아르바이트로 번 돈을 본인의 진짜 가치를 높이기 위해 투자하세요. 그게 훨씬 본인에게 도움이 될 것이라고 생각합니다. 남들이 다 한다고 해서 본인도 따라가는 그런 포지션을 취한다면, 합격의 길과는 다른 길을 걷게 됩니다.

21년 하반기 저자의 실제 공공기관 면접 후기

'**공**공기관 필기시험 준비하기'에서 말씀드렸다시피 가장 최근 인 21년도 하반기에 공공기관에 응시하여 면접을 봤습니다.

면접과 관련한 자세한 이야기를 하기에 앞서 네이버에 공공기관 면접 관련하여 검색하면 많은 후기가 있습니다. 저도 예전에 취업 준비를 할 때 초록색 검색창을 통해 도움을 받곤 했었습니다. 다만 인터넷에 올라온 글 중에는 좋은 후기를 남긴 글이 있는 반면에, 도움이 될 만한 내용이 없는 후기들도 있었습니다. 그래서 만약 나중에 내가 글을 쓰게 되면 정말 취준생 입장에서 도움이 될만한 취업 내용을 주제로 책을 써야겠다는 막연한 생각을 했었습니다. 서론이 길었습니다. 그럼 본격적으로 면접 후기를 말씀드리겠습니다. 한번 이미지 트레이닝을 해 보시면서 후기를 읽으시면 좋을 것 같습니다.

면접은 오후 2시쯤 본원에서 진행되었습니다. 본원에 들어가니 데스크에 신분증을 맡긴 후 면접 대기실로 이동합니다. 그리고 미리 대기하던 인사 담당자에게 가져온 서류(각종 증명서)를 제출했습니다. 그리고 대기실에서 20~30분 정도 대기하다 다른 지원자들과 함께 면접장으로 이동했습니다. 면접마다 조금씩 차이가 있는데 어떤 곳은 다대일 면접, 어떤 곳은 다대다 면접입니다. 제가 지원한 기관은 다대다 면접이었습니다. 다대다 면접인 것을 알고 나름 속으로 면접의 전략을 세웠습니다. 개별 질문보다는 공통질문이 많이 나올 거라고 예측했기에 어떻게 하면 내 경험을 돋보이게 할 수 있을지 고민했습니다. 아마 처음 면접을 보시는 분들은 긴장이 많이 되어 준비된 스크립트를 외우느라 정신없을 것입니다. 하지만, 면접관들은 워낙 많은 지원자들을 대상으로 면접을 진행했기에, 단번에 외웠는지 안외웠는지 파악합니다. 그러니까 너무 외운 티를 내지 않는 게 중요하고, 진심을 담아서 얘기합니다. 내가 왜 이 기관에 취업하고 싶은지 연관성이 있다면 그걸 설명하는 게 좋습니다. 제가 지원했던 기관중에서 연관성이 있던 공공기관이 있었습니다. 그래서 그 내용을 면접에서 어필했었습니다. 아마도 지금 생각해보니 다른 지원자들은 경력이 꽤 있었는데 신입인 제가 합격했던 이유였던 것 같네요. 사기업으로 예를 들면, 대학생 서포터즈나 공모전에 참여해 수상한 학생한테 서류, 면접 가점을 주는 것과 똑같습니다. 그러니 앞서 말씀드렸듯 관심 있는 공공기관이 있으면 인턴이라도 하면서 경력을 쌓는 것이 좋습니다.

실제 면접은 예상대로 공통질문 위주로 진행되었습니다. 먼저 실무진 면접을 진행했습니다. 5명의 면접관이 있었고, 지원자들도 5명 정도가 들어갔습니다. 먼저 돌아가면서 1분 자기소개를 시작했습니다. 그 이후에는 기관과 관련된 질문, 성취 경험, 성격의 장·단점 등 일반적인 면접이 진행되었습니다. 크게 어려웠던 질문은 없었지만, 주의 깊게 듣지 않으면 동문서답을 할만한 질문들이 있었습니다. 질문은 하나인데 두 가지를 대답하는 질문들이 있었기 때문입니다. 예를 들면, 각 지원자별로 성격의 장단점을 각 하나씩 이야기하고, 그와 관련된 사례를 간단하게 말해 주세요라는 질문입니다. 그러니까 면접관이 하는 말을 긴장하고 있다고 제대로 듣지 않으면 안 됩니다. 면접은 면접관과 대화하며 진행이 되지만, 결국 본인과의 싸움입니다. 평소에 집중력이 조금 떨어지는 성격이라 해도 그때만큼은 온몸의 신경을 집중해야 합니다. 그렇다고 해서 너무 뻣뻣하게 긴장해 있는 상태로 있으라는 것은 아닙니다. 경청한 후 질문에 맞게 대답하라는 것입니다. 저는 면접 볼 때 대답을 절대 길게 하지 않습니다. 두괄식으로 결론부터 말하고 관련한 근거, 사례 등을 말합니다. 그리고 답변의 길이는 15~20초를 넘기지 않습니다. 많은 지원자들이 한 번뿐인 면접 기회인데 내가 하고 싶은 말을 다 하고 가야 되는 거 아닌가요?라고 질문합니다. 물론 취업하겠다는 절박한 심정은 이해합니다. 하지만, 면접은 내 입장이 아닌 면접관 입장에서도 한 번쯤 생각해 봐야 합니다. 면접관은 본인을 제외하고도 많은 지원자들과 면접을 진행합니다. 그러면 분명 비슷한 대답을 들을 것입니다. 입장 바꿔서 본인이 면접관이라면 지루하지 않을까요? 그리고 빨리 끝내고 싶을 것입니다. 사람 마음은 다 비슷비슷합니다. 그래서 본인의 면접 순서가 중간 이상이라면 본인을 어필하되, 핵심 키워드와 결과 중심으로 간략히 얘기하는 게 좋습니다.

'지원자가 지금까지 살아오면서 가장 크게 성취한 경험을 하나 말해보세요'라는 질문이 있다고 합시다. 여러분들도 한번 답변을 생각해 보며 다음 내용을 읽어 보시길 바랍니다.

넷.
공공기관 면접 준비하기

저는 이렇게 대답하겠습니다. "네, 대학교 3학년 때 영어 PPT 대회에 도전하여 수상한 경험이 있습니다. 어학연수도 다녀온 적은 없지만, 도전정신과 할 수 있다는 자신감으로 팀을 꾸려 지원한 것이었습니다. 밤을 새워 PPT를 만들고, 발표 연습을 하여 우수상이라는 수상을 할 수 있었습니다. A 기관에 입사해서도 끊임없는 자기개발을 통해 직무 역량을 높이는 직원이 되겠습니다."

실제 경험을 바탕으로 답변을 드린 것인데 어떻게 느껴지시나요? 짧지만 답변 구성이 나름 체계적이지 않나요? 두괄식 주장(설명)-과정-결과-포부 순으로 설명드렸습니다. 그냥 답변한 것이 아닙니다. 본인이 대답하는 모든 것에는 근거가 있어야 합니다. 여기에 입사 후 포부도 간략하게 보여주면 좋습니다. 여러분은 어떻게 대답하셨나요? 저의 답변을 참고하며 다시 한번 생각해 보시기 바랍니다.

실무진 면접은 약 40분 정도 진행되었습니다. 다른 지원자들도 다들 경력이 있어서 그런지 긴장하지 않고 자신의 경험과 생각들을 잘 어필했습니다. 다만 한 지원자의 말이 너무 빠르고 많아, 같은 지원자 입장에서도 듣기가 조금은 불편했습니다. 그 지원자는 평소에도 말이 매우 빠를 것 같다는 생각이 들었습니다. 이러한 부분은 습관이라서 노력을 통해 고치는 방법밖에는 없습니다. 저도 느긋한 성격은 아니지만, 면접만큼은 최대한 천천히 말하며 제 생각을 제대로 전달하기 위해 노력합니다. 그리고 그전에 그만큼 연습도 많이 합니다. 그러한 것들은 면접에서 가장 기본적인 태도이니, 의지를 갖고 고치면 좋은 결과를 얻을 확률이 높아질 거라 생각합니다.

실무진 면접을 마친 후 바로 인사 담당자를 따라 3층 회의실로 이동하였습니다. 임원면접을 진행하는 것이었습니다. 임원면접에 들어가니 누가 봐도 임원진 같은 분들이 앉아계셨습니다. 가운데에 기관장이신 원장이 있었습니다. 저는 항상 면접에 들어가면 면접관들의 얼굴을 빠르게 쭉 스캔합니다. 어떤 분들이 이 기관의 임원진 분들인지 얼굴을 보며, 나름 파악하려는 노력입니다. 이런 노력이 필요한 이유가 면접관마다 성격이 다르기 때문입니다. 핵심만 말하는 걸 좋아하는 면접관에게 길게 설명하면 그 면접관한테 좋은 점수는 못받을 겁니다. 지원자들도 찰나의 순간이지만 면접관을 이해하기 위해 노력하는 게 필요합니다. 그걸 얼굴만 보고 어떻게 아냐구요? 사람마다 느낌이라는 게 있고 본인은 잘 모르겠다면 질문할 때 목소리 톤이나, 표정, 질문 등을 통해 파악하면 됩니다. 그래도 무슨 말인지 정확히 잘 모르겠다면, 우선 이 내용은 참고하시기 바랍니다.

임원면접은 확실히 실무진 면접과 차이가 있었습니다. 우선 기관장님을 포함한 면접관들이 다들 나이가 있어 보였습니다. 처음 면접을 접하는 지원자라면 실무진 면접보다는 훨씬 긴장이 될겁니다. 그래서인지 저도 조금 긴장이 되었지만, 차분하게 임하자라는 말을 속으로 되새기며 면접을 봤습니다. 임원면접도 기관장님의 간단한 인사 멘트로 면접이 시작되었습니다. 이번에도 실무진면접처럼 공통질문으로 시작되었습니다. 정확한 질문은 다 기억이 나지 않지만, 맨 처음 질문은 자기소개였습니다.

1분 자기소개는 누구나 준비하는 부분이므로, 면접에 많은 영향을 미치진 않지만, 본인을 어필하기 위한 필살기(경험, 지식, 태도 등)를 하나쯤 꼭 넣어서 말하는 게 좋습니다. 저는 중간에 앉아 있어 다른 지원자가 말하는 걸 먼저 들을 수 있었습니다. 대부분 본인이 했던 경험을 말하는데 다른 기관 근무 경력을 어필하였습니다. 그걸 듣고 머릿속으로 1분 자기소개를 일부 수정했습니다. 남들과 다른 차별화된 부분이 뭔지 생각해보고 실제 제 차례가 왔을 때 '도전적인 성격으로 성취한 경험'을 얘기했습니다. 한 30초 정도 핵심 내용만 짧게 얘기했습니다. 면접관 입장에서 더 궁금한 사항이 있으면 추가 질문할 수 있도록 여지를 남겨 두는 것입니다. 그리고 일부 지원자는 질문한 면접관의 얼굴을 제대로 보지 않고 대답하는 경우가 있는데요, 그렇게 하면 안 됩니다. 질문한 사람의 얼굴을 보고 대답을 해야 자신감도 있어 보이고 좋습니다. 너무 뚫어지게 응시하는 것은 예의가 없어 보일 수 있으므로 눈 사이 미간과 코의 가운데 부분을 번갈아 보며 말하면 됩니다. 자세는 항상 두 손을 무릎에 살포시 올리고 허리는 바르게 펴고 있어야 합니다. 다른 지원자가 말할 때도 자세는 유지해야 하며 공감한다는 제스처로 고개를 중간중간 살짝 끄덕이면 좋습니다. 내가 하는 말도 중요하지만 다른 사람이 어떻게 얘기하는지 집중하는 것도 중요하다는 걸 기억하면 좋습니다. 실제로, 공공기관 면접은 아니지만 옆의 지원자가 어떤 내용의 말을 했는지 요약해서 말해 보라는 질문도 있었습니다. 회사 일은 혼자하는 것이 아니기 때문에 소통하는 태도를 중요하게 생각하기 때문입니다.

임원면접에서는 지식이나 경험보다는 '지원자의 태도'를 보려고 하는 경우가 많기 때문에 태도나 가치관 중심으로 본인을 어필하는 게 좋습니다. 본인은 어떤 성격을 갖고 있는 사람인지 본인의 자기소개서를 떠올리며 말하면 됩니다.

직무와 관련한 질문도 있었습니다. 보통 그런 질문은 기관이 갖고 있는 대내외 이슈를 말하며, 본인은 그런 상황일 때 문제를 어떻게 해결하는지 경험을 예로 들어 말해 달라고 합니다. 직무 관련 질문은 사실에 입각해 말하면 좋고 대답에 숫자를 넣어 말해주면 좋습니다. 예를 한번 들어보겠습니다. 저는 집 근처 ○○주민센터에서 근로장학생으로 일하며 책장에 꽂힌 인감증명서 정리를 성별, 나이 순으로 정리해 본 경험이 있습니다. 처음엔 언제 다하지라는 생각이 들었지만, 계획을 세우면 실천하는 성격이라 바로 업무 계획을 세웠습니다. 인감을 우선 다 빼서 나이, 성별 순으로 정리를 했습니다. 그 이후 책장의 공간을 확인 후 순서대로 넣었습니다. 책장 앞에는 나이, 성별을 알 수 있도록 프린트 한 종이를 붙였습니다. 다른 업무도 있어 틈틈이 했지만, 할 때 집중해서 했고 도와주는 동료가 있어 약 7일 정도 앞당겨 마무리할 수 있었습니다.

예시에서 봤듯 직무 관련한 자신의 경험을 구체적인 성과(숫자)로 보여주고, 일을 할 수 있다는 의지(포부)를 보여주면 좋습니다.

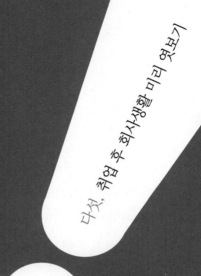

다섯, 취업 후 회사생활 미리 엿보기

내가 회사를 다니는 이유

이번 마지막 장에서는 회사 생활에 대해 이야기 해볼까 합니다. 아마 이 책이 시중에 나와 있는 다른 공공기관 취업 서적과 다른 부분은 실제 취업 후 회사 생활에 대한 이야기 유무일 것입니다. 가장 최근까지 공공기관 취업을 준비했고, 일까지 해본 사람의 경험이 들어간 책은 제 책이 거의 유일하지 않나 생각합니다. 보통 인사팀에서 오래 근무하셨던 분들이 정년퇴직 후 혹은 중간에 취업 관련 서적을 쓰는 경우가 많기 때문입니다.

MZ세대 취업 준비생의 입장에서 회사 생활이 어떤지, 어떤 시스템으로 운영되는지 미리 알고 있다면 좋습니다. 본인이 어떤 방향으로 취업을 준비해야 할지, 정말 지원하는 직무가 적성에 맞을지 어느 정도 스스로 가늠해 볼 수 있을 것입니다. 그래서 실제 회사 생활에 대한 얘기를 담았으며 오롯이 취업 준비생들의 선택과 집중을 돕기 위한 이야기임을 미리 말씀드립니다.

여러분들에게 왜 취업을 준비하냐고 물으면 대부분이 이렇게 대답할 것입니다. "졸업했으니까 제 밥그릇은 제가 챙겨야죠"라고 말입니다. "자아실현을 위해서", "내가 하고 싶은 것을 찾기 위한 전

다섯.
취업 후 회사생활 미리 보기

단계"라고 말하는 사람은 거의 없을 것입니다. 대부분 사람들의 회사를 다니는 이유는 거의 비슷하겠지요. 당장 부양해야 할 가족들이 있는 경우에도 어쩔 수 없이 회사를 다녀야 합니다. 왜 회사를 다니는지에 대한 본질적인 물음도 잊은 채 우리는 하루하루 버티며 다닙니다.

누군가 저에게 왜 회사를 다니냐고 물어보면, "더 나은 미래를 찾아가기 위한 현재의 수단"이라고 대답할 것입니다. 공공기관 이직을 몇 번 해본 경험으로 말씀드리면, 인생은 길고 세상은 빠르게 변화하고 있으며 할 수 있는 것들은 많습니다. 그리고 언젠가 회사 문밖으로 나와야 합니다. 그러므로 우리는 조금이라도 젊었을 때부터 은퇴 이후 어떤 걸 하면서 살아갈지 생각해야 합니다. 왜 대부분의 직장인들이 은퇴 이후에 치킨집을 차리는지 조금은 이해하려 노력해야 합니다. 내가 할 수 있는 것, 나만 할 수 있는 것을 회사 생활을 하며 찾아가길 추천드리겠습니다. 회사 업무를 하다가 번뜩이는 아이디어가 생각나 창업을 하는 분들도 꽤 있습니다. 삼성전자와 같은 대기업은 사내벤처를 장려하고 분사할 수 있도록 도와주기도 합니다. 이는 회사를 통해 본인이 하고 싶은 일들을 찾은 사람들일 것입니다. 정말 아름다운 결말입니다.

아직 취업 준비생분들은 이런 말이 딱 마음속에 와 닿지는 않을 것입니다. 아직 취업도 하지도 못했는데, 회사를 다닐 이유를 찾다니요. 우선은 빨리 취업해서 학자금 대출을 갚는 것이 최우선입니다. 그럼에도 불구하고 이러한 말씀을 드리는 이유는, 입사 후 여러 가지 상황으로 인해 회사를 나오게 되는 경우도 생기기 때문입니다. 미래를 정확하게 예측할 순 없겠지만, 항상 대비하는 자세도 필요할 것으로 생각합니다.

(입사 전) 회사를 다녀야 할 이유, (입사 후) 회사를 계속 다니는 이유에 대해 한 번쯤 생각해 보셨다면, 그저 하루하루 살아가는 맹목적인 삶이 아니라 주도적인 삶을 살 수 있게 될 것입니다. 이것은 내가하기 정말로 싫은 게 있다면, 솔직하게 NO라고 말할 수 있는 용기와 같은 말입니다. 회사 생활을 하다 보면 분명 내가 해야 하는 일이아닌데 해야 하는 경우도 많고, 내 할 일을 했는데 억울하게 욕을먹는 경우도 종종 발생합니다. 그럴 때마다 자신을 자책하는 유리멘탈인 사람들은 '내가 계속 이 회사를 다녀야 할까'라는 딜레마에 한동안 빠지게 됩니다. 저도 한때 그랬고, 그 과정에서 본인이 원하는방향으로 인생을 설계하고 실천하는 것이 중요하다는 것을 깨달았습니다. 다수의 공공기관에 이직한 이유도 여러 가지가 있지만, 결국 내 삶의 주인은 나이기 때문입니다. 이직을 많이 했다고 자랑하는 것은 절대 아닙니다. 지금 당장 너무 힘들고 아픈데, 억지로 꾸역꾸역 버틸 필요는 없다는 말씀입니다. 더 좋은 환경에서 일할 수있다면 당장 이직하는 것이 맞습니다. 여러 회사를 다니고 또 이직을 준비하며 분명 스스로 성장했다고 느낍니다. 그리고 취업 준비생의 입장이던 회사 생활을 하고 있던 절대 스스로를 자책하지 마시길 바랍니다. 사람이 로봇도 아니고 어떻게 항상 맡은 일을 100% 잘해낼 수 있겠습니까? 지금까지 잘 살아오다가도, 분명 어느 시점에는 본인이 감당하기 어려운 상황들이 발생하게 됩니다. 인생은 항상 굴곡이 있으니까요. 그럴 때 "내가 이정도 밖에 안되는 사람이었나"라고 자책해도 바뀌는 것은 없습니다. 반대로 생각해보면 본인은 소중한 사람이고, 어떻게 살아갈 것인지 삶의 주도권을 갖고 있

는 주체적인 사람입니다. 본인이 해결하기 어려우면 주변 사람들에게 도움을 요청하세요. 분명 어려운 점을 이해하고 도와주려 할 것입니다.

영국의 유명한 영화감독인 찰리 채플린은 "인생은 멀리서 보면 희극, 가까이서 보면 비극"이라고 했습니다. 지금 당장 눈앞에 보이는 현실이 본인을 힘들고 고통스럽게 하지만, 많은 시간이 지나고 난 후 뒤돌아보면 별것 아니었다는 생각을 합니다. 오늘 하루 정말 고생했다고 스스로를 다독이는 자랑스러운 '취업 준비생', '직장인'이 되길 바랍니다.

공공기관의 실제 근무환경은?

공기관은 기본적으로 기관과 관련한 다양한 정보를 홈페이지에 공시하여 국민들에게 알릴 의무가 있습니다. 모든 공공기관은 국민의 세금으로 운영되기 때문입니다. 공공기관에 대한 기본적인 정보를 알고 싶으면 공공기관 경영정보시스템 알리오에 들어가서 검색하면 됩니다. 알리오는 공공기관에 대한 일반현황, 기관운영, 주요사업, 대내외 평가, 정보공개 등 기관과 관련한 주요한 내용들을 공시하고 있습니다. 그래서 취업 준비생분들도 본인이 관심 있는 공공기관에 대해 분석하고 싶으면 알리오를 통해 정보를 얻으면 됩니다. 저도 취업 준비를 하면서 알리오를 적극 활용했습니다. 또한, 공공기관 채용정보만 모아 놓은 잡알리오(job.alio.go.kr)도 있으니 채용공고를 확인할 때 참고해 주시면 됩니다.

그럼 제가 취업하여 다녔던 공공기관들의 근무환경(급여, 복리후생, 기타)의 모든 것을 말씀드릴까 합니다. 먼저 가장 궁금해 할 만한 급여입니다. 알리오에서 기본적으로 급여 정보를 알 수 있겠지만, 사실 평균치라 알리오의 급여가 정확한 수치는 아닙니다. 제가 다녔던 기관의 경우에는 신입 기준 세전 연봉 3300~4500만 원 사이

다섯,
취업 후 회사생활 미리 보기

를 받았었습니다. 기관마다 차이가 있으니 참고 부탁드리며 사기업으로 치면 중견기업이나 대기업 수준입니다. 초봉으로 이보다 더 많이 주는 공공기관(금융공기업)들도 일부 있는 것으로 알고 있습니다. 기본적으로 공공기관 급여는 기본급+성과급+기타수당(시간 외 근무수당, 복지포인트)으로 이루어져 있습니다. 대부분의 공공기관이 성과연봉제를 시행하고 있어 기본급+성과급으로 이루어져 있습니다. 알리오에도 급여 부분을 보면 성과상여금, 경영평가 성과급이라는 명목으로 연봉에 포함되어 있음을 알 수 있습니다. 경력직의 경우에는 경력을 산정하여 급여에 포함시킵니다. 경력 산정에 대한 부분도 기관마다 차이가 있습니다. 보통 경력으로 인정받을 경우 1년당 50~100만 원이 기본연봉에 추가되는 것으로 알고 있습니다. 저의 경우에는 세 번째 입사한 공공기관에서 1년당 약 100만 원 정도 경력 인정받았습니다.

그리고 대부분의 기관들이 복지포인트를 부여하고 있습니다. 복지포인트는 기관마다 다르지만 연간 50~100만 원 사이를 부여하며 회사 복지몰 사이트에서 필요한 물건을 구매할 수 있습니다. 사고 싶은 걸 다 살 수 있는 건 아니고 사행성 품목을 제외한 물품을 정해진 품목 범위 안에서 살 수 있습니다. 개인 카드로 숙박시설이나 스포츠용품 등을 선결제하고 영수증을 지출결의로 첨부하여 복지포인트에서 환급하는 형식으로도 운영합니다. 복지와 관련한 부분은 각 회사의 복리후생 규정에 나와 있으니 입사하면 꼭 먼저 살펴보시기 바랍니다. 공공기관은 항상 법과 규정, 규칙에 의해 운영된다는 점을 참고해 주세요.

다음으로 실제 제가 근무했었던 기관들의 사무실 환경에 대해 말씀드릴게요. 제가 다녀본 곳이 대부분 연구원이라 사무실이 쾌적하고 넓고 좋습니다. 공기청정기도 있고 각자 자리의 파티션도 높았습니다. 자리 파티션이 높다는 것은 나만의 공간을 보장하려는 것입니다. 모니터도 기본적으로 2개씩 줬습니다. 기본적인 사무용품도 구비되어 있으며 추가적으로 필요한 것은 사무용품비로 구매해서 쓰면 됩니다. 즉, 일할 수 있는 기본적인 환경은 마련되어 있다는 것을 알 수 있습니다. 그리고 보통 동기 및 선배 직원들과 같은 사무실에서 근무하게 됩니다. 회사 상황 및 직무에 따라 다른 사무실에서 근무할 수도 있습니다. 어디나 그렇듯 한창 일할 때에는 사무실엔 키보드 두드리는 소리만 들립니다. 그러다 가끔 누군가 대화를 하거나 전화벨 소리가 울려 통화를 하면 사무실이 잠깐 시끌시끌해집니다. 공공기관하고 사기업 모두 근무해봤던 경험으로는 공공기관 사무실 분위기가 조금 더 조용하다고 느꼈습니다. 사람들도 대부분 과묵한 분들이 많아서가 아닐까 생각합니다.

궁금해하실만한 내용 중 인사제도(승진, 복무)에 대해서도 말씀드리겠습니다. 먼저 직급은 공기업과 아닌 곳으로 구분해서 말씀드릴 수 있습니다. 정부출연연구기관 같은 경우는 행정직과 연구직이 다릅니다. 행정직은 직급 체계가 행정원-선임행정원-책임행정원으로 구분되어 있고 연구직은 (주임)연구원 -부연구위원-연구위원-선임연구위원 순으로 직급이 구분되어 있습니다. 반면, 공기업은 5급(주임, 대리)-4급(과장)-3급(차장, 팀장)-2급(본부장, 지사장)-1급(부이사장, 사무총장) 등으로 구분되어 있습니다. 공기업과 연구원의 직급체계가 다르다는 것을 알고 있으면 됩니다. 승진의 최소 요건도 기관마다 다르며 공기업이 보통 승진적체가 발생할 가능성이 높습니다. 이는 특정시기에 많이 채용했을 가능성이 있기 때문입니다. 연구원은 웬만큼 연차가 쌓이면 승진합니다.

공공기관이 좋은 이유 중 하나는 공무원의 복리후생을 준용한다는 것입니다. 공공기관은 육아휴직과 및 유연근무제도가 제도로써 자리 잡고 있습니다. 여직원들은 필요한 경우 부서의 눈치를 크게 안 보고 육아휴직을 편하게 쓸 수 있습니다. 여직원뿐 아니라 남직원들도 육아휴직을 쓸 수 있습니다. 그래서 부부가 모두 공공기관에 다니면 번갈아 가며 육아휴직을 쓰는 경우가 많습니다. 육아휴직은 최대 3년까지 쓸 수 있으며 눈치를 보지 않고 쓰는 건 좋지만, 본인의 업무는 정확하게 인수인계를 하고 휴직하는 것이 팀원들을 배려하는 자세가 아닐까 싶습니다.

그리고 근무시간의 경우 보통 9~6시지만 상황에 따라 유연근무제를 사용할 수 있습니다. 한 시간 일찍 출근하고 한 시간 일찍 퇴근할 수도 있고, 월화수목은 늦게까지 근무하고 금요일 오후 일찍 퇴근하는 것입니다. 거의 모든 공공기관이 유연근무제를 시행하고 있으며, 저도 필요하여 유연근무제를 사용해 본 적이 있습니다. 유연근무제는 정말 좋았습니다. 내가 필요한 시간을 만들어낼 수 있기 때문입니다. 물론 유연근무제를 쓸지라도 회사 상황(국정감사, 국정원 감사 등)에 따라 본래 퇴근할 시간이지만 퇴근을 하지 못하는 상황도 발생합니다. 그럴 때에는 초과근무수당(시간외 근무수당)을 받거나, 보상휴가(대체 휴가)로 받을 수 있습니다. 초과근무수당은 무제한으로 지급되는 것은 아니고, 보통 월 최대 몇 시간으로 한정되어 있습니다. 공공기관이기 때문에 법정 근로 시간을 준수해야 하며, 일과 가정의 양립을 중요시하기 때문입니다. 그래서 기관차원에서도 웬만

하면 야근하지 말라고 합니다. 제가 과거에 일했었던 연구원에서도 팀장님이 꼭 필요한 경우 아니면 얼른 퇴근하라고 먼저 말씀하셨던 기억이 납니다.

마지막으로 주변 인프라(환경)을 말씀드릴까 합니다. 공공기관의 지방 이전으로 많은 공공기관들이 수도권에서 지방으로 이전한 상태입니다. 전국에 몇 개의 혁신도시(대구, 충북, 원주, 나주, 진주, 전주 등)가 있습니다. 제가 근무했던 연구원 중 하나는 충북혁신도시 내에 있었습니다. 제가 입사했을 때인 2017년에 충북혁신도시는 인프라가 매우 부족했습니다. 그래서 대도시에 살다 온 동기들과 다른 직원들은 답답함을 호소하였습니다. 아마 몇 년이 지난 지금은 조금 더 좋아졌겠지만 제가 이직을 하게 된 하나의 이유기도 합니다. 다른 지역의 혁신도시는 정확하게 모르겠으나 상황이 비슷하지 않을까 생각합니다. 그래서 이사하지 않고 수도권 본집에서 출퇴근하거나, 월세로 방만 구해서 금요일 저녁에 서울로 올라가는 직원들도 많았습니다. 이건 정부차원에서 정책적으로 해결할 문제이기 때문에 앞으로 혁신도시의 발전을 위해 더 노력해야 되지 않을까 생각합니다.

최근 몇 년 사이에 집값이 많이 오른 세종시는 정부청사 및 국책연구단지가 위치해 있는데, 인프라가 어느 정도 갖춰져 몇 년 전 인구 30만을 돌파하였습니다. 국회의사당 및 공동캠퍼스도 설립될 예정이니 세종시는 앞으로도 발전 가능성이 높다고 생각합니다.

그러니 관심 있는 공공기관의 근무지역을 잘 참고하여 전략적으로 지원하는 게 좋습니다. 아무래도 고향을 떠나 멀리서 살게 되면 생활비, 월세 등 고정비용이 발생하게 되어 돈을 제대로 모을 수 없기 때문입니다.

다섯.
취업 후 회사생활 미리 보기

인턴, 계약직, 무기계약직, 정규직을
모두 해보고 느낀 점

조금은 특별한 케이스지만 저의 경우 공공기관에서 인턴, 계약직, 무기계약직, 정규직을 모두 해봤습니다. 물론 직무는 조금씩 다르지만 사무직이라는 큰 범주는 벗어나지 않았습니다. 그래서 이번 장에서는 모두 해 본 경험에 대해 각각 설명 드리며 어땠는지 말씀드리겠습니다.

먼저 인턴 경험입니다. 인턴은 정부출연연구기관에서 약 3개월 정도 했는데 행정직무를 배울 수 있는 좋은 경험이었습니다. 앞서 말씀드렸듯 공공기관 취업을 하고 싶으면 관심 있는 기업의 인턴을 해 볼 것을 추천드립니다. 인턴의 일과는 크게 바쁘지 않습니다. 선배 동료분들이 요구하는 자료를 찾아보거나, 한글이나 엑셀을 활용하여 문서를 만들고 편집하기도 합니다. 크게 어려운 걸 시키는 건 아니라 다하고 나도 시간이 많이 남습니다. 그때는 자기가 하고 싶은 공부를 해도 됩니다. 저는 인턴으로 있을 때 자투리 시간을 활용하여 영어공부를 했습니다. 동료분들도 하고 싶은 공부하라고 하시며 배려해 주셨고, 공부 열심히 해서 얼른 원하는 곳 취업하라고 말씀해 주셨습니다. 개인적으로 공부할 수 있는 시간이 있다는 게 매우 좋았습니다. 일을 하면서도 어느 정도 취업 준비를 할 수 있었기 때문입니다. 그렇다고 해서 일을 소홀히 한 것은 아니었습니다. 항상 주어진 일은 다 끝내고 공부를 했고, 중요한 행사가 있으면 함께 출장을 가기도 했습니다. 그러한 경험을 통해 행사 준비는 어떻게 하면 되고, 일처리는 어떤 과정으로 하는지 옆에서 직간접적으로 보고 배울 수 있었습니다.

그리고 인턴이라고 해서 복지혜택을 받지 못하는 것은 절대 아닙니다. 기관 내에 있는 헬스장, 휴게실 등의 복지시설을 자유롭게 이용할 수 있고, 복지포인트가 지급되기도 합니다. 어떤 공공기관의 경우엔 명절 상여금도 지급됩니다.

두 번째로 계약직 근무 경험입니다. 계약직의 경우 인턴보다는 더 책임감을 갖고 근무를 해야 합니다. 하는 일은 정규직이나 무기계약직과 거의 동일하기 때문입니다. 다만 회사 내에서도 언젠가 계약이 종료되면 나가야 할 사람으로 인식하고 있는 것이 사실입니다. 기본적인 복리후생은 인턴과 같이 누릴 수 있지만, 가장 중요한 급여가 정규직, 무기계약직보다 차이가 납니다. 그래서 계약직으로 오래 있는 것을 추천드리지 않겠습니다. 이직 준비를 하셔서 계속 다닐 수 있는 안정된 자리로 가는 게 좋습니다. 공공기관에 지원하는 이유도 결국 안정성이기 때문입니다. 단순히 돈을 벌며 경력을 쌓는다고 생각하는 게 좋습니다. 그렇다고 해서 업무 태도가 중요하지 않은 것은 아닙니다. 본인이 해야 할 일은 끝내놓는 게 좋습니다. 나는 계약직이니까 어차피 다른 정규직 직원들이 내 말을 제대로 들어줄 리 없어라고 생각하시지 않으셔도 됩니다. 공공기관은 계약직이라고 할지라도 자신의 목소리를 낼 수 있습니다. 그러니까 계약직으로 근무할지라도 불합리한 사항, 요구사항이 있는 경우 당당히 요구하셨으면 좋겠습니다. 부여받은 휴가도 자유롭게 쓰시면 됩니다. 다만 기관 규정에 어긋나는 부분을 요구하는 건 삼가시길 바랍니다.

관심 있는 회사에서 계약직으로 근무하게 되면 회사가 전반적으로 어떻게 운영되는지 알 수 있습니다. 인턴과 달리 시스템을 전반적으로 사용할 수 있기 때문인데요. 인턴의 경우엔 사내 시스템상 권한이 일부만 주어져 회사일들을 속속들이 알기는 어렵습니다. 그래서 어떤 사람은 계약직으로 일해보고 본인의 적성과 잘 맞아 정규직(무기계약직) 채용 공고가 나왔을 때 지원하여 합격하는 경우도 많이 봤습니다.

그러니 본인이 경력을 쌓으면서 정규직(무기계약직)이 되고 싶다면 계약직으로 우선 일해보는 것도 나쁘지 않다고 생각합니다. 경력을 쌓아야 하니 단기 계약직보다는 최소 1년 이상 일할 수 있는 기관에 지원하시는 게 좋습니다. 1년 이상 근무해야 퇴직금도 나온다는 점 참고 바랍니다. 그리고 급여가 나오니 단순 취업 준비생일 때보다는 생활하는 데 있어 안정적입니다. 계약기간이 종료되면 계약종료로 인한 퇴사이기 때문에 실업급여도 신청하실 수 있다는 점 참고하시길 바랍니다.

세 번째로 무기계약직 근무 경험입니다. 무기계약직은 정규직과 똑같이 공개채용으로 사람을 뽑습니다. 다만 정규직보다는 필기시험이나 면접의 단계, 난이도가 낮아 전체적인 경쟁률도 낮습니다. 그래서 정규직 채용의 벽이 너무 높아 취업이 어렵다면, 전략적으로 접근하여 무기계약직으로 지원하는 것도 나쁘지 않다고 생각합니다.

무기계약직은 무기(기한이 없음)란 말에서 알 수 있듯 정년(만 60세)까지 다닐 수 있습니다. 이것이 가능한 이유는 사업의 지속성 때문입니다. 기관에서 운영하는 어떤 사업이 장기간 지속, 운영될 사업이라 사업비(기관을 기본적으로 운영하는데 드는 경상운영비가 아닌 자체 사업비)가 존재한다는 것입니다. 그래서 무기계약직이며 급여는 본예산 인건비가 아닌 사업비에서 보통 지급됩니다. 이러한 이유로 무기계약직을 계약직과 정규직의 사이인 준정규직이라고 부르며 공공기관 경영정보시스템 알리오에도 무기계약직(정규직)이라고 표시되어 있습니다.

다음은 네이버 지식in에서 어떤 네티즌이 2020년 초 무기계약직과 정규직의 차이가 궁금하다고 질문한 것에 현직 변호사가 답변한 내용입니다. 무기계약직 이해에 참고하시길 바랍니다.

Q. 무기계약직과 정규직 차이가 궁금합니다.

질문 대법원에서 무기계약직 근로자들도 정규직과 동일 임금을 지급하라라는 판결이 있었는데 뉴스를 보면서 생각이 나는 것이 〈무기계약직과 정규직의 차이점이 있는 것인지〉 궁금했습니다. 이번 판결대로라면 동일 임금을 지급하는 정규직과 별반 차이가 없어 보이네요. 답변 부탁드려요.

A. 질문하신 내용에 대하여 아래와 같이 답변드립니다.
기본적으로 무기계약직은 일반적으로 계약직으로 처음에 입사해서

다섯,
취업 후 회사생활 미리 보기

2년 넘게 근무하면서 (계속근로기간 2년 이상) 정년은 정규직과 같이 보장을 받으면서 보통 계약직일 때의 급여조건을 유지하는 경우를 의미합니다. 이에 무기계약직을 준정규직이라고 부르기도 합니다.

무기계약직을 해고하는 절차는 정규직을 해고하는 절차와 전혀 다를 바가 없으며, 정규직 근로자에게 적용되는 근로기준법 및 회사 내규 및 절차 등을 똑같이 거쳐서 해고 등이 이루어져야 합니다.

즉 해고의 측면에서 보면 정규직 근로자에게 적용되는 절차와 같은 절차가 적용되어야 하므로 일반계약직(근로 기간의 정함이 있는 근로자)과는 달리 계약종료에 불안해하지 않아도 될 것입니다.

이제까지는 채용절차와 업무책임성, 난이도 등이 달라 별도의 직군으로 별도의 취업규칙을 적용받아 분리되어 있다면 호봉 테이블이나 승급분 등 임금수준과 각종 복리후생 등에서 무기계약직은 정규직과 일정부분의 근로조건의 차이가 발행할 수 있었으나, 지난달 24일 (2019년 12월 24일)에 대전 MBC 계약직 사원 관련 케이스에서 대법원은 (대법원 2015다254873) 동종 업무를 한다면 임금이나 상여금 그리고 호봉 및 승진도 차별해서는 안 된다고 판결했고, 이번 대법원 판결은 2심 대전고등법원에서 근속 수당 및 복리후생비 차등 지급은 위법이지만 공개경쟁 시험을 통해 입사한 정규직과 달리 추천, 실기테스트, 면접 등만으로 입사했다는 점에서 임금 · 상여금 기준이 다른 것은 합법이라고 판결한 것을 위법이라고 판단하고, 수당과 복리후생비는 물론 임금 · 상여금 차별도 위법이며 무기계약직도 정규직과 동일한 취업규칙을 적용하라고 한 것입니다.

결론적으로 이제부터는 무기계약직에 대해서 임금이나 수당 등의 차등 지급 및 승진/보직 등에서 차별이 있어서 소송이 제기되면 사업주가 패소할 가능성이 높아졌다고 볼 수 있을 것이며, 앞으로 무기계약직과 정규직의 차이는 더욱더 좁아질 것으로 보입니다.

그럼 도움이 되었으면 합니다. 감사합니다.

위의 내용을 봤을 때 무기계약직과 정규직의 간극이 갈수록 줄어들 것으로 기대된다는 것을 알 수 있습니다(일반행정, 사무직 기준). 기본적인 복리후생이나, 휴직, 휴가 등 차별없이 사용할 수 있습니다. 무기계약직으로 근무하며 정규직과 차별을 받았다거나 하는 건 없었습니다. 야근을 할 경우 시간 외 근무수당도 정규직과 동일하게 받았습니다. 무기계약직이라고 해서 일을 덜 주거나 더 많이 주는 것도 아니었습니다. 철저히 부서장님 지휘하에 업무분장대로 일했습니다. 그러니까 무기계약직이라고 차별하는 걱정은 안하셔도 됩니다.

마지막으로 정규직 근무 경험입니다. 저는 공공기관 정규직 채용에 응시했었는데요, 최종적으로 합격하여 다녔던 곳은 2군데입니다. 2군데의 경쟁률은 생각보다 높았습니다. 제 기억으로 거의 100:1 정도 되었던 것 같습니다. 높은 경쟁률을 뚫고 원하는 기관에 입사했다면 누가 됐던 축하받을 일이라고 생각합니다. 합격 뒤에는 보이진 않지만 노력이라는 땀방울이 있었기 때문입니다.

우선 기본 급여 테이블이 높은 기관에 입사했기에 2군데 모두 꽤 높은 연봉을 받았습니다. 정확한 금액을 말씀드릴 순 없지만 웬만한 대기업 수준이었습니다. 그렇지만 아시다시피 결국 두군데 모두 퇴사했습니다. 이유는 두 가지입니다. 첫째, 생각보다 많은 양의 일이었습니다. 워라밸을 나름 누리고자 공공기관에 입사했는데 야근을 많이 했습니다. 물론 신입사원이기에 열심히 하겠다는 생각으로 몇 달은 그렇게 했는데, 결국은 스스로 매우 힘들어졌습니다. 건강도 조금씩 안좋아지는 걸 느낄 수 있었습니다. 둘째, 같은 직무지만 다른 일을 해 보고 싶었습니다. 총무, 인사, 기획팀 같은 지원부서 업무가 아닌 사업부서 행정 업무를 해 보고 싶었습니다.

정규직 근무 경험을 통해 한 가지를 깨달았습니다. 정규직, 계약직 이런 게 중요한 게 아니라 현재 어떤 일을 하고 있느냐가 중요한 것을. 정규직으로 입사했을지라도 내가 당장 많이 힘들고, 도저히 버틸 수 없다고 생각한다면 좋은 직장이 아니라 생각합니다. 저는 꾸역꾸역 버티지 않고 다른 곳을 준비하거나 과감히 퇴사했습니다. 때론 그런 결단력도 중요하다고 생각하며 인생은 길게 봐야 합니다. 최근에 알게 된 사실인데 저와 같이 입사했던 동기도 4년 5개월 정도 근무하다 몇 주 전에 퇴사했다고 합니다. 평생직장이라고 생각하고 입사한 공공기관이지만 그렇지 못할 수도 있다는 점을 말씀드리고자 이런 이야기를 드립니다. 그렇다고 해서 누구나 이렇게 하라는 말씀은 아닙니다. 여러 가지 조건을 고려했을 때 재취업을 빠른 시일 내 할 수 있거나 확실한 다른 계획이 있는 경우에만 퇴사하시길 바랍니다.

결국 회사 생활은 인간관계지만 중요한건 나 자신

회사 생활 이야기를 해볼까 합니다. 여러분들이 원하는 곳에 취업하면 좋든 싫든 그 회사를 계속 다니게 됩니다. 그리고 동료들과 함께 일을 하게 됩니다. 매끄럽게 해결하느냐 못하느냐의 차이는 소통의 차이입니다. 어떤 사람은 소통을 잘하고 문제를 매끄럽게 해결하는 반면, 누군가는 소통에 어려움이 있어 A 부서에 있는 사람이 B 부서의 사람과 함께 일을 해야 하는데 과거의 갈등으로 소통을 잘하고 있지 못한다고 가정합시다. 그러면 그 일이 원만하게 잘 해결될까요? 그렇지 않습니다. 뭔가 작은 문제라도 생기기 마련입니다. 그래서 저는 일을 잘한다는 것은 다른 사람들과 인간관계를 잘 해내는 사람이라고 말하고 싶습니다. 묵묵히 자기 업무만 잘한다고 해서 일을 잘하는 것이 아닙니다. 회사 일은 다양한 사람들과 함께 어우러져 일을 해야 하기 때문입니다. 그래서 더더욱 쉽지 않습니다.

돌이켜 생각해 보면 저도 완전 사회초년생일 때 인간관계를 완벽하게 잘 해내지는 못했습니다. 그만큼 회사 내 인간관계는 절대로 쉽지 않습니다. 최근 직장 내 괴롭힘으로 20대 9급 공무원이 스

다섯.
취업 후 회사생활 미리 보기

스로 목숨을 끊었던 사건도 있었습니다. 절대로 일어나서는 안되는 일입니다. 그래서 회사의 조직문화를 미리 알아볼 수 있다면, 알아보고 입사하는 것도 좋다고 생각합니다. 블라인드나 잡플래닛 같은 사이트(앱)를 활용하면 좋습니다.

그럼 조직 내 인간관계 어떻게 대처하고 행동하는 게 현명할까요? 정해진 답은 없지만 다양한 조직을 경험해 본 사람으로서 신입사원 입장에서 몇 가지 도움이 될만한 내용을 말씀드려볼게요. 공감하지 못하는 부분도 있을 수 있으니 편하게 읽어주시면 됩니다.

1. 되도록 말과 행동을 삼가는 게 좋습니다.

신입사원으로 입사 시 배우는 자세가 필요합니다. 업무상 모르는 것과 의문 사항이 있는 경우를 제외하고는 말을 줄이는 게 좋습니다. 누군가는 신입사원이 분위기도 이끌어 가려고 말도 하고 그래야지라고 말하는 사람도 있습니다. 하지만 제가 회사 생활을 겪어본 바로는 생각보다 많은 사람들이 말 많은 사람을 좋아하지 않습니다. 그리고 말을 많이 하다 보면 의도치 않게 실수하게 되어 있습니다. 동료나 선배가 내가 하는 말을 다 들어줄지라도 나중에 "그 친구 참 말 많네 실속은 없으면서"라는 말을 듣는 경우가 있습니다. 그리고 사람이 대화에 집중할 수 있는 최대 시간은 약 10분 남짓이라고 합니다. 그 시간을 벗어나면 대화의 내용은 귀에 제대로 들어오지 않을 가능성이 높습니다. 회사에서는 업무적으로 중요한 얘기 외에는 가십거리가 될만한 이야기는 거의 하지 않는 게 좋다고 생각합니다.

2. 신입사원이라면 빠릿한 모습, 눈치를 챙겨야 합니다.

신입사원은 아무래도 많은 사람들의 주목을 받습니다. 그냥 신입사원이기에 그렇습니다. 그렇게 입사하여 하루 이틀 일하다 보면 나와 맞지 않는 상사도 만나게 되고, 업무상 말이 통하지 않는 동료들도 나름 만나게 됩니다. 솔직히 내 마음속으로는 맘에 들지 않습니다. 그러나 적극적이고 솔선수범하는 태도를 보여주는 게 신입사원으로써 좋습니다. 남성분들이라면 군대에서 훈련병이나 이등병일 때를 생각하면 됩니다.

그리고 일과 관련하여 모르는 것이 있을 땐 절대로 내 임의대로 처리하면 안 됩니다. 분명 나중에 어떤 문제가 발생할 가능성이 있습니다. 동료나 상사에게 어떻게 처리하면 될지 확인하고 처리하는 게 중요합니다. 물어본다고 해서 창피해하거나 부담스러워할 필요 없습니다. 당연히 그 회사에 처음 들어왔고 하루 이틀 만에 회사의 모든 시스템을 이해하기는 어렵습니다. 이건 중고 신입(경력직)분들도 마찬가지입니다. 저도 다른 공공기관에 이직했을 때 어느 정도 알고 있다고 생각했는데도 불구하고, 다시 처음부터 배우고 일했습니다. 특히 초반에는 동료나 상사에게 모르는 것을 질문하고 배우며 일했습니다. 누구든 예외 없이 그런 과정이 필요한 것입니다. 다만, 경력이 쌓이면 다른 곳으로 이직했을 때 나름대로 지식과 노하우가 있기에 질문할 사항이 점차 줄어드는 것뿐입니다. 즉 일머리가 신입사원 일 때 보다 더 생기는 것이죠.

3. 회사 인간관계에 너무 목맬 필요는 없습니다

요즘 MZ세대들은 취업에 있어 연봉도 중요하지만 더 중요시하는 게 있습니다. 저녁이 있는 삶, 워라밸을 중요시합니다. 그리고 회사에서 만난 사람들과 사적인 대화는 웬만하면 하지 않으려고 합니다. 기성세대 입장에서는 요즘 세대들은 너무 정 없지 않나 끝나고 회식도 하고 가족처럼 지내야지라고 합니다. 죄송합니다만, 그건 꼰대로 가시는 지름길입니다. 시대는 빠르게 변했고 인간관계의 유형도 많이 바뀌었습니다. 과거와 달리 혼자 시간을 보낼 것들도 많아졌습니다. 일이 끝난 후 운동을 하기도 하고, 독서를 하기도 합니다. 많은 MZ세대들이 자기 개발에 많은 시간을 보내고 있습니다. 그렇기에 기본적으로 인간관계에 너무 목매지 않습니다. 당연히 MZ세대의 입장에서 봤을 때 회사 사람들은 단지 업무로 엮여 있는 회사 사람일 뿐입니다.

공공기관에서 일해본 경험으로 비춰 봤을 때, 비슷한 나이의 동료 직원분들과 이야기해 보면 대다수가 그런 생각을 갖고 있다는 것을 알 수 있었습니다. 물론 회사 동료일지라도 일부 끼리끼리 친한 사람들이 있습니다. 하지만 너무 가까이하다가 본인이 불편해지거나 손해를 보는 경우도 종종 봤습니다. 친하다고 업무상 부탁하는 경우가 있기 때문입니다. 가장 중요한 건 본인 자신입니다. 본인의 시간을 할애하면서 다른 사람들에게 맞출 필요는 없다고 생각합니다. 인간관계에서 적정한 선을 지켜가며 회사 생활을 하면 좋을 것이라 생각합니다. 그 적정한 선의 기준은 여러분께서 찾아가시길 바랍니다.

4. 너무 남한테(회사 동료) 잘 보이려고 본인을 포장하지 마세요
3번과 어느 정도 연관된 내용이긴 한데, 다른 사람들에게 좋은

모습만 보여주려고 본인을 너무 포장하지 마세요. 기본적인 예의는 지키되, 내 생각을 주장할 때는 과감하게 말하는 태도도 중요합니다. 그렇지 않으면 동료들의 모든 부탁을 다 받아줘야 할 수도 있습니다. 가끔은 단호박 같은 태도가 필요합니다. 받는 게 있으면 주는 것도 있는 것입니다. 꾸역꾸역 억지로 본인을 회사나 사람에 맞춰가지 마세요. 내 생각을 말한다고 해서 다른 사람들이 크게 뭐라고 할 사람은 없습니다. 다만, 크게 요구사항이 없는데 억지로 자신의 다양한 생각을 말할 필요는 없습니다. 제가 말씀드리는 본인의 있는 모습을 그대로 보여주라는 말씀입니다. 다양한 이해관계를 가진 사람들이 모여있는 게 회사니까요. 그러니까 너무 잘 보이려고 애쓸 필요 없습니다.

공공기관 행정(사무)직으로 근무하기 위해 이것만은 갖추자

이번 장에서는 공공기관에서 행정직으로 일하기 위해 신입사원으로써 필요한 실무적인 역량 위주로 말씀드릴까 합니다. 사기업도 마찬가지겠지만 기술직, 사무직 구분 없이 문서를 작성할 일이 많습니다. ○○기획서, ○○행사 계획(안), 감사자료 제출, 기술용역 등 다양한 문서를 작성합니다. 이 정도 읽었으면 어떤 역량이 중요할지 감이 오시나요? 네. 생각하신 부분이 맞습니다. '문서를 올바르게 작성하고 관리하는 역량'입니다. 여기서 강조하고 싶은 건 문서를 작성하는 것에 끝나는 것이 아니라 관리(문서 버전관리, 폴더별 관리)까지 잘 해야 된다는 것입니다.

사실 신입사원으로 입사하면 조직 문화와 업무를 파악하는데 6개월~1년 정도가 필요합니다. 일 잘하는 신입사원과 아닌 신입사원의 기준은 문서 작성하는 소프트웨어(한글, 엑셀) 등을 잘 활용할 줄 알면 도움이 됩니다. 다른 동기들보다 한발 더 앞서 나갈 수 있는 것입니다. 특히 한글 프로그램을 잘 다루면 좋습니다. 공공기관에서 작성하는 문서를 '공문서'라고 하는데 기본적으로 한글 프로그램을 통해 작성합니다. 세부적인 작성 방법은 '공문서 작성 규칙'에 따릅니다.

한글의 기본적인 단축키를 많이 알고 있으면 문서 작성하는데 드는 시간을 꽤 많이 줄일 수 있습니다. 저도 연구원에서 인턴으로 일할 때 한글 단축키나 활용법 등을 많이 공부했습니다. 단축키를 익혀 두니 다른 공공기관에 신입사원으로 일할 때 많은 도움이 되었습니다.

문서를 작성하는 능력이 중요한 이유를 또 하나 말씀드리겠습니다. 중소벤처기업부 산하 공공기업인 S기관의 경우 서류전형에서 보고서를 작성하는 과제가 주어집니다. 과제는 S 기관과 관련한 자료(데이터 등)를 분석하고 1장짜리 보고서를 작성하는 것입니다. 즉 과제를 통해 문서 작성 역량을 미리 파악하고자 하며, 공문서를 잘 작성하는 사람을 뽑고 싶어함을 알 수 있습니다.

그러면 문서 작성 역량을 구체적으로 어떻게 하면 높일 수 있을까요? 다양한 방법이 있겠지만 가장 좋은 방법은 꾸준하게 문서를 작성해 보는 것입니다. 문서 작성을 연습할 때 좋은 사례가 있습니다. 각 정부 부처(기획재정부, 중소벤처기업부, 보건복지부 등) 홈페이지에 있는 업무계획,보도자료 파일을 다운 받아 똑같이 따라서 작성해 보는 것입니다. 개인적으로 이게 가장 효과적인 방법이 아닐까 생각합니다. 왜냐하면 정부 부처 공문서의 경우 보통 사무관들이 작성하는데, 사무관 정도 되면 문서작성에 있어 나름 전문가 분들입니다. 그래서 홈페이지의 공식 문서들을 똑같이 작성하는 것만으로도 문서작성 역량을 향상시킬 수 있는 것입니다. 만약 해보지 않으셨다면 지금이라도 한번 해 보세요. 처음에 쉽지는 않겠지만 도움이

다섯.
취업 후 회사생활 미리 보기

많이 될 것입니다. 컴퓨터활용능력 시험을 본다고 생각하고 작성해 보면 조금 더 와닿지 않을까 합니다.

저도 일하면서 키워드나 내용이 명확히 떠오르지 않을때 정부 부처의 문서들을 활용했었습니다. 처음에는 문서의 내용이 눈에 잘 들어오지 않을 것입니다. 그래도 괜찮습니다. 본인의 역량껏 연습해 보는 게 좋습니다. 반복해서 연습하면 똑같이는 아닐지라도 비슷한 수준까지는 작성이 가능할 것입니다. 단순히 따라 작성하기보다는 어떤 단어, 문장, 문단 구성을 통해 작성했는지를 파악하면서 작성하는 게 좋습니다. 입사 전부터 연습한다면 더 좋고, 신입사원으로 입사한 후에 연습해도 좋습니다.

여기에 하는 일과 관련된 독서가 더해지면 좋습니다. 독서를 하라는 이유는 공문서를 작성할 때 단어를 더 풍부하게 사용할 수 있기 때문입니다. 한 장의 보고서를 작성해도 똑같은 단어가 반복되기보다는 같은 뜻이라도 다른 단어를 사용해주면 문서를 더 세련되게 만들 수 있습니다.

독서와 더불어 메모하는 습관도 중요합니다. 메모는 종이나 컴퓨터 메모장 등 자유롭게 하면 되는데 이왕이면 종이에 하는 걸 추천합니다. 직접 손으로 쓰면 기억하기도 좋고, 또 다른 아이디어가 생각나기도 합니다. 저도 항상 노트를 갖고 다니며 직접 썼습니다. 중요한 일정이라든지, 해야 할 일 등을 그때그때 정리했습니다. 그렇게 잘 정리해두고 나중에 1년 정도 후에 보면 일의 흐름(work flow)를 파악하기에 좋습니다. 업무는 cycle(주기)가 있기 때문입니다. 연간 계획으로 놓고 봤을 때, 연초에는 A 업무를 하고 중간에는 B 업무를 하고 연말에는 C 업무를 해야겠구나 라는 것을 파악할 수 있습니다. 이렇게 하나의 업무 노트가 되는 것입니다. 업무 노트를 잘 활용하면 시기에 맞춰해야 할 일을 까먹지 않을 수 있고, 다른 사람에게 업무를 인수인계할 때도 좋으니 메모하고 정리하는 습관을 지금부터라도 미리 들이는 게 좋습니다. 업무를 수행하면서 분명 도움이 많이 될거라 생각합니다.

그리고 문서를 작성하는 능력도 중요하지만, 생성한 문서를 관리하는 능력도 중요합니다. 일하면서 문서를 만들다 보면 어떤 문서를 만들었는지 헷갈릴 때도 있습니다. 그래서 컴퓨터에 폴더 정리를 할 필요가 있습니다. 폴더 정리는 본인이 알아볼 수 있는 방식으로 하되 날짜를 작성해 주는게 좋습니다. 이것은 파일 문서명에도 마찬가지입니다. 그럼 언제 작성했고 어떤 주제로 작성 했는지 한 눈에 파악이 가능합니다. 매일 매일 폴더와 파일 정리를 꼼꼼하게 해두면 나중에 다른 동료직원, 후배 직원에게 인수인계하기도 좋고 업무 흐름을 파악할 수 있습니다.

다섯,
취업 후 회사생활 미리 보기

적절한 휴식을 취하는 사람이 일도 잘한다

요즘 MZ세대들은 회사에 있는 시간을 제외한 여가 시간을 어떻게 보내고 있을까요? 〈대학내일 20대 연구소〉가 MZ세대(만 15~39세) 대상으로 조사한 여가 데이터 보고서에 따르면, 코로나19로 인해 MZ세대가 즐긴 대부분의 여가 생활이 온라인에서 이루어진 것을 알 수 있었습니다. MZ세대가 1년간 가장 많이 경험한 여가 생활은 '유튜브 감상(72.8%)', '낮잠·늦잠(66.6%)', '음악 감상(64.4%)', 'TV·VOD 시청(51.7%)' 순으로 나타났는데 이는 미디어를 시청하는 시간이 늘어났음을 의미합니다. 또한 코로나19로 인해 문화예술 활동이 줄어들면서 온라인 공연 관람이 활발해졌다고 합니다. MZ세대의 30.9%는 온라인 공연 관람 경험이 있다고 응답했으며, 경험자의 53.6%는 '가수·연예인 콘서트'를 온라인으로 관람했다고 응답했으며 '음악회(33.8%)', '뮤지컬·오페라(32.0%)', '연극(21.2%)', '발레·무용(11.9%)' 순으로 나타났습니다.

이러한 조사 결과를 말씀드리는 건 MZ세대가 워라밸을 중요시하는 세대인 만큼 여가시간을 잘 보내는 것도 중요하다는 말씀을 드리고 싶어서였습니다. 적절한 휴식을 취해야 또 열심히 일할 수 있는건 당연합니다. 맨날 야근만 하고 살 수는 절대 없습니다. 저도 평일 퇴근시간 이후에는 운동, 독서, 산책 등을 하며 시간을 보냈습니다. 이러한 시간도 없다면 정말 나를 위한 시간은 없다는 생각이 들었기 때문입니다. 자기개발을 하면서 제 나름대로의 휴식을 취했습니다. 주말에는 평소보다 2~3시간 정도 더 늦게 일어났습니다. 평일에 부족한 잠을 어느 정도 해소하기 위함이었습니다. 여러분들도 나름대로 퇴근 후, 주말에 취미 생활이나 휴식을 취하며 시간을 보낼 것입니다. 그것이 회사 생활을 하는데 있어 큰 활력소가 된다는 점을 말씀드리고 싶습니다. 실제로 적절한 휴식은 암기력과 집중력을 높여 준다는 연구 결과도 있습니다.

그럼 회사 생활을 잘하기 위해 적절한 휴식이 중요하다는 것은 알게 되었습니다. 또 중요한 한 가지로 어떻게 쉬어야 잘 쉬는 것인지도 말씀드리고 싶습니다. 결론부터 얘기하면 '생산적 휴식'을 하는 것입니다. 생산적인 휴식은 쉬면서 나를 조금씩 성장시키는 휴식입니다. 가장 대표적으로 독서가 될 수 있습니다. 책은 언제 어디서든 읽을 수 있습니다. 책을 통해 내가 관심 있는 분야의 지식을 쌓을 수 있습니다. 그러면서 사고력을 기를 수 있습니다. 이러한 경험치는 회사 생활을 하는 데 있어서도 도움이 됩니다. 다른 동료들과 어떠한 주제로 이야기하는데 내가 아는 것들이 많으면 대화를 하기가 수월합니다. 또한 기안문을 작성하는데 표현방식이나 구성방식이 더 풍부해집니다. 나도 모르게 똑같은 내용이라도 비슷한 뜻을 가진 다양한 단어를 사용하며 문서를 작성하고 있었습니다.

다른 생산적 휴식은 운동입니다. 즉 조금이라도 젊었을 때부터 건강관리를 해야 합니다. 요즘 젊은 사람들도 손목터널증후군, 허

리디스크, 소화장애, 스트레스 등과 같은 질병을 많이 갖고 있다고 하니 더더욱 건강관리는 필수입니다. 꾸준한 운동은 건강하고 탄탄한 몸을 만들 수 있습니다. 그러면 자신감도 더욱 생기고, 밥맛도 훨씬 좋습니다. 저도 몇 년째 꾸준하게 일주일에 3번 정도 헬스, 산책 등을 하며 운동을 하고 있는데 확실히 건강이 좋아졌습니다. 원래 살이 잘 안 찌는 체질이었는데 운동을 꾸준하게 하고 나서 체중이 표준체중까지 증가하였습니다. 그리고 근육량도 증가했습니다. 몸이 조금씩 좋아지는 걸 보는 것도 나름의 재미가 있습니다. 그래서 앞으로도 꾸준하게 운동을 할 생각입니다. 그렇게 될지는 모르겠지만 최종 목표는 가수 김종국처럼 되는 것입니다. 이 책을 읽는 독자분들 중에서도 운동을 꾸준하게 하는 분들이 있으실 겁니다. 이미 하고 있다면 앞으로도 계속하시면 됩니다. 안 하시는 분들은 이번 기회에 가볍게 산책부터 시작해 보시는 게 어떨까요? 우선 한 달만 꾸준하게 해 보시면 본인의 몸이 달라지고 있다는 것을 확실히 느끼실 수 있으실 겁니다. 물론 실천이 어려운 거겠지만, 분명 실천하면 본인의 인생이 달라질 수도 있습니다.

마지막으로 운동과 함께 건강한 음식을 많이 드시면 좋습니다. 저 같은 경우 사무직이다 보니 컴퓨터를 하루 종일 보니까, 눈 건강을 생각해 루테인이 들어간 영양제를 먹고 있습니다. 누가 보면 젊은 사람이 벌써부터 유난 떤다고도 할 수 있는데, 건강은 조금이라도 젊었을 때 챙기는 게 좋다고 생각합니다. 회사 생활을 하다가 중간에 갑자기 크게 아프다면, 퇴사를 해야 할뿐더러 함께 살고 있는 가족들을 경제적, 심리적으로 힘들게 할 수도 있습니다. 그러니까 지금부터 건강을 챙기는 것은 절대로 사치가 아닙니다.

건강한 음식은 과일과 채소를 꾸준히 섭취하고 고기, 생선류를 통해 적절하게 단백질을 섭취하는 것입니다. 적절한 단백질을 섭취해줘야 건강한 근육이 생성되고 꾸준히 운동할 수 있는 기반이 됩니다.

이렇게 말씀드리니, 제가 마치 건강전도사가 된 것 같습니다. 그렇지만 건강을 잃으면 위에서 말씀드렸던 어떠한 것도 할 수 없습니다. 꾸준한 건강관리를 통해 먼 훗날 웃으며 건강하게 정년퇴직하는 본인을 상상해 보시기 바랍니다. 건강을 챙기고 안 챙기고는 여러분들의 선택에 달렸습니다.

일머리와 공부머리는 분명 다르다

이번에는 회사 생활을 조금이라도 해 보셨다면, 한 번쯤은 들
어봤을 법한 이야기를 하고자 합니다. 제가 회사를 다녀 본
경험자로써 일머리와 공부머리는 분명 다르다고 생각합니다. (물론
100%는 아닙니다) 앞서 말씀드렸듯 회사에는 다양한 사람들이 존재합
니다. 그런 다양한 사람들과 함께 일하며 운영되는 것이 회사입니
다. 공공기관도 마찬가지입니다. 우선 저는 공부머리가 엄청 좋지
는 않습니다. 남들 하는 만큼만 했습니다. 엄청 좋았다면 서울에 있
는 유명한 대학에 갔을 겁니다. 그러면 일머리는 어떨까요? 제 생
각일 수 있지만, 나름 나쁘지 않다고 생각합니다. 대학교 다닐 때부
터 인턴, 아르바이트 등을 하며 사회생활을 미리 체험하기 위해 노
력했습니다. 그런 경험치가 하나씩 쌓이니 나름 눈치라는 게 생겼
습니다. 일의 단계, 계획 등 생각하는 능력도 생깁니다. 학교에서는
절대 배울 수 없는 것들이었습니다. 그래서 제가 앞서 인턴도 하면
서 경력을 쌓으라고 말씀드렸던 겁니다. '백문이불여일견'이라고 백
번 듣는 것보다 직접 보고 느껴보는 게 제일 좋습니다. 일머리가 공
부머리가 정말 다르구나 하는 것을 느낀 사례가 있습니다.

D 연구원에 다닐 때 SKY(서울대, 고려대, 연세대)를 졸업하고 미국에서 석사학위를 받은 30대 중반의 동료와 같은 사무실에서 일했던 적이 있습니다. 이분을 C라고 지칭하겠습니다. C는 회사 경력은 거의 없었고 공부에 많은 시간을 보낸 것 같았습니다. 결론부터 말씀드리면 그 동료와 일하는 것을 다른 사람들이 힘들어했습니다. 지시한 사항에 대해서 잘 모르면 물어보지도 않고 본인이 생각한 방법으로 일을 처리했기 때문입니다. 예를 들어, 엑셀에 A라는 내용을 작성해야 하는데 B의 내용으로 작성한 것입니다. 쉽게 말해 그 동료와는 소통이 잘 안되었습니다. C에게 일을 전체적으로 지시하는 박사님이나 연구원님들도 같은 생각을 갖고 있었습니다. 사무실에 있는 다른 동료들도 마찬가지였고요. 그럼에도 C를 잘 챙겨주기 위해 노력했습니다. 궁금한 점이 있으면 언제든 편하게 물어보라고 말했고, 회사 생활을 많이 해보지 않은 것 같아 나름의 노하우들을 알려주었습니다. 그럼에도 바뀌는 건 거의 없었습니다. 그러다 한번 사건이 터졌습니다. 상식적으로 휴가를 쓰려면 미리 부서장님한테 얘기를 하고 쓰는 게 직장생활 예의입니다. C는 휴가를 쓴다고 같은 사무실에 있는 동료들한테만 말하고 지시를 받는 박사님한테 얘기를 하지 않았습니다. 그래서 휴가 간 걸 모르고 일을 지시하려고 사무실 전화를 해보니 안 받아서 휴가라는 걸 알게 되었다고 합니다. 이것도 어떻게 보면 C가 제대로 소통을 하지 않았기 때문에 발생한 일이었습니다. 이 일 때문에 다른 동료들도 어느 정도 피해를 보게 되었습니다. 원래는 휴가갈 때 본부장님이 아니라 사업을 총괄하는 박사님한테만 서명을 받으면 되었는데, 이 사건 이후로 무조건 본부장님한테 서명을 받아야 했습니다. C의 휴가 사건으로 다른 동료

들도 불편해진 것이었습니다. 결국 그분은 미국으로 내년에 유학을 가야 하니 준비를 한다며, 약 5개월 정도 일하다 퇴사했습니다.

나중에 이야기를 들어보니 C가 회사에 지원하여 다닐지는 몰랐다고 합니다. 우선 누가 봤을때도 학력이 좋고, 집이 서울이라 출퇴근하는 데만 2시간 넘게 걸렸기 때문이었습니다. 그럼에도 C는 면접에서 다닐 수 있다고 어필을 한 것 같았습니다.

C와 함께 일하면서 공부 머리와 일머리는 다르다는 것과, 회사에서 동료들과 소통이 제대로 되지 않으면 함께 업무 목표를 달성하기가 쉽지 않다는 것을 느꼈습니다.

아마 경력이 조금이라도 있는 분은 이 이야기를 읽고 어느 정도 공감하는 부분도 있을 것입니다. 아직 대학교 재학 중이거나 졸업한 지 얼마 안 된 취업 준비생은 어떤 느낌인지 잘 모를 겁니다. 아직 잘 몰라도 됩니다. 다만 한 가지 기억할 것은 회사에서는 일머리가 중요하다는 점입니다.

반대로 제 사례는 아니지만, 제가 즐겨 보는 프로그램이 있습니다. 채널A의 '서민갑부'라는 프로그램입니다. 이 프로그램은 공부를 잘해서 성공한 사람이 아닌 자신만의 커리어를 쌓아 자수성가한 성공 스토리를 소개하는 프로그램입니다. 서민갑부에 나오는 분들은 소위 성공한 분들입니다. 저는 이 분들이 정말 대단한 분들이라고 생각합니다. 오직 본인의 노력으로 어려운 상황을 극복하고 성공했습니다. 여기에 나오는 분들을 보면 공통점이 있습니다. 남들이 보지 못하는 디테일한 부분을 잘 발견하며, 계획하고 실천하는 능력이 탁월합니다. 그리고 실제로 성과도 냅니다. 회사에서 보면 정말 높은 연봉을 주고도 채용하기를 원하는 사람일 것입니다. 이분들은 공부 머리보다는 일머리가 좋은 것입니다. 사실 공부머리도 좋고 일머리도 좋으면 좋지만 그런 사람은 많지 않습니다. 그리고 학교 다닐 때까지는 모르겠지만 졸업 후 사회에 나오면 일머리가 훨씬 중요합니다. 공공기관에 입사해 보면 아시겠지만, 직원들이 학교를 묻는 경우는 거의 없습니다. 회사 생활을 하면 신입사원으로 입사했을 때 자기소개서 할 때 빼고는 다른 사람들과 학교나 전공에 대해 이야기할 일이 거의 없습니다.

그러니까 지금 학교에서 공부하며 지식을 쌓는 것도 중요하지만, 밖에 나가 다양한 사람들과 소통하며 경험치를 쌓는게 좋습니다.

다섯.
취업 후 회사생활 미리 보기

앞으로도 평생직장은 유효할까:
공부하는 직장인들

이번엔 미래의 일이지만 조금 무거운 이야기를 할까 합니다. 공공기관에 입사하기 위해 준비하는 MZ세대 취업 준비생분들은 평생직장이라고 생각하고 입사하실 겁니다. 여러분들이 생각하는 평생직장은 정년까지 퇴사 걱정 없이 무난하게 다닐 수 있는 직장이고 그 중 하나가 공공기관에서 근무하는 것이죠. 그런데 아쉽게도 거기까지만 생각합니다. 천천히 한번 생각해봅시다. 의료 기술은 갈수록 좋아질 것이고 정년을 꽉 채워 회사를 다녔다고 해도 그 후 약 40년은 더 살수도 있습니다. 그러면 그 긴 40년 동안 무엇을 해야 할지 한 번쯤 고민해보셨나요? 저와 같은 MZ세대조차 무슨 벌써부터 그런 고민을 하냐고 하시는 분들도 분명 있을 겁니다. 하지만 이런 고민은 조금이라도 젊었을 때 좋다고 생각합니다. 세상은 빠르게 변화하고 있습니다. 기술의 발전과 변화에 따라 평생직장에 대한 개념도 희미해지고 있는 요즘입니다. 그 변화의 파도를 잘 올라타 자신을 발전시키는 사람이 있는 반면, 파도와 함께 휩쓸려 버리는 사람도 있습니다. 선택은 본인의 몫이지만 저는 변화의 파도를 올라타 파도를 즐기는 사람이 되기 위해 노력하고 있습니다. 언젠가 분명 차이를 가져다 줄 것이라 생각하기 때문입니다.

최근에는 '파이어족'이라는 말도 등장했습니다. 본인이 하고 싶은 일을 통해 경제적 자립을 하고 빠른 시기에 은퇴하는 사람들을 일컫는 말입니다. 최근에 파이어족이 많이 늘어났다고 합니다. 부동산 투자나 가상화폐를 통해 순식간에 많은 돈을 벌어 퇴사했다고 합니다. 물론 사람마다 살아가는 모습이 다르기 때문에 뭐가 정답이라고 말할 순 없습니다. 그래도 이런 분들은 스스로 경제적 자립을 이뤄냈기에, 시간을 자신의 것으로 만들어 사용할 수 있습니다. 자신이 하고 싶은 것을 하며 시간을 보낼 수 있다는 게 제일 큰 장점이 아닐까 생각합니다. 일반적인 직장인이라면 절대 엄두도 못 낼 일입니다.

퇴근 후에 블로그에 포스팅도 하고 다양한 공부를 하는 것도 제 나름대로 미래에 대한 대비책입니다. 지금 당장 나에게 가져다주는 큰 장점은 없지만, 언젠가는 좋은 결과를 가져다줄 것이라고 생각하기 때문입니다. 먼 미래의 일이지만 퇴사 이후에도 밥은 벌어먹고 살아야 하니까요. (퇴사 이후에도 놀고먹을 생각은 없습니다. 생산적인 활동을 하며 가족들에게 좋은 모습을 보여주고 싶은 생각입니다). 그런 뜻에서 단순히 하루하루 직장을 다니는 것이 전부는 아니라고 말씀드리고 싶습니다. 지금 직장을 발판 삼아 어떤 JOB을 가지고 평생(혹은 은퇴 이후에) 살아갈 것인가 고민이 필요한 시점이 아닐까요? 내가 속해 있는 세상만 보는 것이 아니라 내가 속해 있지 않은 세상도 살펴보는 게 필요한 것입니다. 그러한 안목은 다양한 공부를 통해서 가능하다고 생각하며, 어떤 공부를 해야 하는지 구체적으로 알려드리지는 않겠습니

다섯.
취업 후 회사생활 미리 보기

다. 이 책을 읽은 여러분들이 본인의 생각대로 하나씩 찾아가시길 바랍니다.

그리고 그 과정에서 지금부터 단계적으로 계획을 세우는 것이 중요합니다. 만약 본인의 나이가 25살이라면 10년 뒤 35세에는 무엇을 하고 있을 것인지, 45세, 55세, 65세 등 10년 단위로 크게 계획을 세워봅니다. 10년 단위의 계획을 세운 뒤에는 조금 더 자세하게 5년, 3년 단위로 계획을 세웁니다. 이렇게 하다 보면 본인만의 그럴듯한 인생 계획서가 작성됩니다. 저도 현재 10년 단위의 계획을 대략적으로 세워둔 상태입니다. 계획만 세워서는 안되고 실천을 하는 것도 중요합니다. 제 이름으로 쓴 책을 출판하는 것이 버킷리스트에 있었습니다. 그리고 지금 그 계획을 실천하고 있습니다.

이정도 읽었으면 평생 직장에 대한 생각이 조금은 바뀌신 분들도 있을거라 생각합니다. 생각이 바뀌면 행동이 바뀌고 행동이 바뀌면 인생이 바뀐다는 말이 있습니다. 1차적으로는 원하는 곳에 취업하기 위해 열심히 노력하고, 취업 후 회사 생활을 하는 게 맞지만, 그 이후의 삶도 생각해야 한다는 것을 알고 계셨으면 하는 마음에서 '앞으로도 평생직장은 유효한가'라는 주제로 말씀드렸습니다.

그리고 어떤 커리어를 앞으로 쌓느냐도 중요합니다. 예를 들어 영업 직무로 오랫동안 일을 해 본 사람은 은퇴 후에도 경력을 살며 SNS마케팅 컨설팅 같은 일을 할 수 있는 겁니다. 그래서 직무에 대한 이해와 입사 후 실제로 본인이 원했던 직무를 경험해 보면서 비교해보며 내가 잘할 수 있는 일들을 찾아가는 겁니다. 사실 이러한 경험들을 고등학교 때나 대학교 1, 2학년 때부터 꾸준하게 하면 좋으나, 한국은 아직까지도 입시 위주의 교육이라 기회가 많지 않습니다. 그러한 부분은 개인적으로도 아쉽게 생각합니다. 적성, 직무, 회사에 대한 이해를 바탕으로 취업을 하는 게 가장 베스트이기 때문입니다. 본인이 뭘 좋아하는지, 어떤 가치를 추구하는지 시간이 있다면 꼭 생각해 보시기 바랍니다.

저는 지금도 고민하고 있습니다. 궁극적으로 어떤 일을 하고 싶은지. 사실 정확한 답은 찾지 못했습니다. 이 고민은 쉽게 끝이 나지는 않을 것 같네요. 그렇지만 지금 고민하는 이러한 시간들이 먼 훗날 제게 도움이 될 거라는 확신은 갖고 있습니다.

다섯.
취업 후 회사생활 미리 보기

여정, 맺는 글

부록 인터뷰
공공기관(정부출연연구기관) 전직 인사담당자와의 인터뷰

공 공기관에서 근무한 경험이 있기 때문에 현재 근무하고 있는 분들을 다수 알고 있습니다. 먼저 과거 인사팀에서 채용 경험이 있는 담당자와의 인터뷰를 진행했습니다. 취업 준비생분들이 조금이라도 더 도움을 받았으면 하는 마음에서 관련 내용을 싣게 되었습니다.

여섯,
맺는 글

A 연구원 서면 인터뷰 내용

질문1 (과거) A 연구원 채용 담당자로써 블라인드 채용 방식의 도입으로 인한 변화가 어떤 게 있다고 생각하시나요(블라인드 채용 전과 후를 비교해서 설명해 주시면 더 좋을 것 같습니다)?

답변1 블라인드 채용 방식 도입 후 응시자와 채용 담당자 입장에서 많은 변화가 있었습니다. 먼저 채용 응시자 입장에서 기본 인적사항을 제공하지 않는 블라인드 채용 방식은 학연, 지연과 같은 요소로 채용 과정에서 불이익을 받지 않을까 하는 심리적인 부담감을 해소할 수 있다는 점에서 장점이 있다고 생각합니다. 회사 입장에서도 학력, 고향 등의 인적사항에 따른 편견을 배제하고 좋은 역량을 갖춘 인재를 채용할 수 있는 장점이 있습니다.

기관마다 차이는 있지만 동일 · 유사 경력을 보유한 경우 급여 산정 시에 인정을 해주기 때문에 경력직 지원자도 꽤 많은 편입니다. 그래서 대학을 갓 졸업(예정)한 응시자와 기업 및 유관기관에서 실무업무를 수행했던 경력자가 경쟁하는 경우, 대학을 갓 졸업한 응시자는 경력자에 비해 직무 경력이 상대적으로 낮기 때문에 이따금 피해를 보는 사례가 발생하곤 합니다.

질문2 대부분의 채용 단계가 서류–필기–면접으로 되어 있으며 최종 단계인 면접은 매우 중요합니다. A 연구원의 인사 담당자의 입장에서 봤을 때 공공기관 취업 준비생들이 면접을 어떻게 대비하면 좋겠다고 생각하시나요?

답변2　연구원마다 연구사업계획서, 기관운영계획서 등을 통해 중장기적인 계획하에 기관 운영을 하고 있습니다. 지원하시는 채용 분야와 직무기술서에 대한 이해와 더불어 기관이 어떤 방향 발전해 나갈 계획인지를 확인 및 이해하시고, 지원서 및 면접 등을 통해서 표현한다면 좋은 피드백을 받을 수 있을 것이라 생각합니다. 그 외 각종 공시자료 중 면접에 도움이 될만한 자료를 찾아내는 것도 응시자의 역량이라고 생각합니다.

　연구 분야 채용 면접은 전공 분야에 대한 세미나 형태로 진행하고 있습니다. 응시자가 만약 연구직으로 지원한다면 대학원 석사과정, 박사과정, 학위 논문, 박사 후 연수 등 과정을 거치면서 연구했던 분야에 대한 정리가 기본적으로 되어 있어야 합니다. 채용 분야별로 공고문에 명확한 직무기술서(Job Description)가 있으니, 직무기술서에 제안된 내용을 잘 분석하여 발표 세미나를 준비하는 것이 필요합니다.

　또한, 연구원에서 이루어지는 R&D 활동은 국가·사회적 필요 기술, 산업계 수요 기술, 대학이나 산업체가 아닌 출연연이 강점을 가진 R&D 수행에 대한 고민은 출연(연) 내에서 지속적으로 논의하고 있는 화두입니다. 그렇기에 이러한 부분을 이해하고 입사 후 본인의 발전 방향과 연구원에 기여할 수 있는 역할등 가시적으로 보여줄 만한 결과물을 보여주면 좋을 것으로 생각합니다.

질문 3 A 연구원을 포함한 공공기관에서 행정직으로 일하기 위해 가장 필요한 역량이 무엇이라고 생각하십니까?(예: 소통역량, 문서작성 역량 등)

답변 3 일반적으로 대다수의 연구원이 행정 분야에 대한 필요 역량도 직무기술서를 통해서 제시하고 있습니다. 행정적으로는 문서를 작성하는 업무가 많기 때문에 논리적 일관성이 필요하고, 정부 정책 변화 등 환경 변화에 대한 빠른 대응 역량이 가장 중요하다고 생각합니다.

질문 4 A 연구원에서 지금까지 근무하시면서 어려웠던 점이나, 좋았던 점은 어떤 게 있는지 간략히 소개 부탁드립니다.

답변 4 연구원마다 차이가 있겠지만, 연구원에서 제공하는 안정적인 근무환경과 급여 등이 만족스러웠습니다. 그리고 갓 대학을 졸업한 분들은 느끼시지 못하겠지만, 근무지도 매우 중요한 요소입니다. 정부출연연구기관의 경우 근무지 변경이 사기업과 비교하여 많지 않다는 점도 좋은 점이라 생각합니다.

질문 5 지금까지 채용을 진행하시면서 기억에 남는 지원자가 있다면 간략하게 소개 부탁드립니다.

답변 5 지원서 작성 과정에서 꽤 중요한 질문에 오탈자가 있었던 응시자가 있었습니다. 이와 관련하여 면접관의 지적이 있었는데,

당황하지 않고 면접에서 침착하게 답변을 이어나가서 연구원에 최종적으로 합격하였습니다. 이 지원자가 기억에 남습니다.

취업 준비생 분들께서도 채용 과정에서 발생하는 실수 혹은 아쉬운 결과에 주눅 들기보다, 순간마다 자신의 모습을 잘 보여주는데 최선을 다하시길 바랍니다. "두드려야 문이 열린다"는 말처럼, 나의 모습을 좋게 평가하는 회사가 나타날 것이고, 그곳에서 합격통지서를 보내줄 것이라는 긍정적인 생각을 갖고 원하시는 공공기관에 지원하시길 바랍니다.

질문6 공공기관 채용 방식에 대한 의견이 있으시다면 자유롭게 작성 부탁드립니다.

답변6 최근 민간에서는 정기 채용보다는 수시채용이 늘어나고, 링크드인, 원티드랩 등의 다양한 채용 플랫폼을 통해 인력 중개가 일어나고 있는 추세라고 합니다. 반면, 공공기관의 채용 방식의 변화는 정부정책과 연계성이 커서 변화가 적은 편이므로 NCS, 블라인드 채용 등 현재 트렌드에 맞게 준비해 나가면 될 것으로 보입니다. 공공기관 채용 방식의 장점이 이런 부분이 아닐까 생각합니다.

부록 인터뷰
공공기관(준정부기관) 현직 행정직무 담당자와의 인터뷰

이번 인터뷰는 공공기관 중 하나인 B 기관에서 행정직으로 근무하는 현직자와의 일문일답 인터뷰입니다. 직무 관련, 채용 관련, 회사 생활 등 취업 준비생분들이 궁금해할 만한 내용을 책에 정리하였습니다. 취업 준비생분들은 여기 있는 내용을 참고하면 분명 도움이 될 거라 생각합니다. 인터뷰의 내용 중 주장은 직원 개인의 의견임을 미리 일러둡니다.

B 기관 서면 인터뷰 내용

질문1 현재 하시는 업무에 대한 소개 간단히 부탁드립니다. 조직에 대한 설명도 함께 해 주시면 좋습니다. 또한 공공기관 사무 행정 직무에 대해 말씀해 주실 사항이 있으시면 적절한 예시와 함께 답변 부탁드립니다.

답변1 저는 B 기관의 감사실에 근무하고 있습니다. B 기관은 국내에서 추진되는 국가지원 창업지원사업을 수행하는 법정 전담기관이자 공공기관입니다. 현재 다니고 있는 회사 전에도 공공기관에서 약 8년 정도 근무했었고 이번 직장이 두 번째 직장입니다. 그래서 행정직무에 대해 나름 식견과 다양한 일들을 해 본 경험을 갖고 있습니다. 행정직은 기본적으로 기관운영과 경영지원 업무를 담당하며 NCS 직무기술서에 쓰여 있습니다. 크게는 약 5개의 세부직무를 담당할 수 있는데, 아래와 같습니다.

- 인사/노무(인사발령, 직원교육, 근무평가 등)
- 경영지원(회계, 재무, 총무, 안전보건 등)
- 기획/조정(전략기획, 성과평가, 사회공헌, 국회대응, 목적사업 설계 등)
- 감사/윤리경영(회계/재무/인사/사업 감사, 일상감사, 외부감사 대응 등)
- 사업운영실무(연구, 정부지원사업, 기금운용, 기관목적사업 운영 등)

여섯,
맺는 글

질문 2　공공기관에서 행정직무를 잘 수행하기 위해 필요한 역량 (예: 문서작성능력, 소통능력, 협업능력, 문제해결능력 등)중 가장 중요하다 고 생각하는 역량 세 가지 정도 사례를 들어 설명 부탁드립니다.

답변 2　공공기관에서 가장 중요한 역량은 "소통능력"입니다. 그 리고 부가적으로 두 개를 더 뽑자면, "정보탐색 및 활용능력"과 "내 부통제 최소화 능력"입니다. 공공기관에 입사하여 함께 근무할 직 장 내 상사들은 특별히 잘못하지 않는 한 정년까지 근무합니다. 상 사와 함께 오래 근무하려면 어떤 환경이던 대화에 막힘이 없고, 서 로 시너지가 될 수 있도록 적극적으로 소통할 수 있는 능력이 가장 중요하다고 생각합니다. 조금은 극단적일 수 있는 상사 얘기를 꺼냈 으나, 소통은 기관과 관련한 협력사, 지역사회 등 다양한 이해관계 자와의 업무추진에서도 반드시 필요한 역량입니다. 공공기관의 설 립목적은 공익을 달성하는 것이기에 소통능력 없거나 부족하여 민 원인, 협력기업 등과 갈등이 생기면 기관운영의 리스크가 될 수 있 습니다. 아울러, 기획재정부의 공공기관 경영평가를 통해 모든 공 공기관이 동일/유사한 지표로 평가받기 때문에 업무의 동일/유사성 이 매우 높습니다. 알리오와 같은 사이트를 통해각 공공기관의 경영 관련 문서/서식들을 모두 열람할 수 있습니다. 이때 행정직 실무자 가 가진 정보탐색 및 활용능력 수준에 따라, 그 기관의 경영평가 핵 심지표 달성률도 달라질 수 있다고 생각합니다.

또한, 최근 5년간 LH 부동산 비리, 강원랜드 채용비리 등 공직사회 부정부패를 차단하고자, 내부통제스템을 구축하기 위해 공공기관 이 많은 노력을 기울이고 있는 것으로 알고 있습니다. 사전에 부패를 방지하고, 정부예산의 효율적 사용을 위해서는 적절한 통제와 높은 수준의 청렴도를 유지할 수 있는 기과 내부적으로 통제 능력을 보유하고 있어야 합니다.

질문1 어떤 과정(예: 서류–필기–면접 등)을 거쳐서 현재 일하시는 곳에 입사하셨고, 각 단계별 난이도, 시험유형(NCS, 논술), 면접유형(다대다, 다대일, PT면접 등) 등 채용 관련해서 준비하신 내용 시험 후기 등 준비 전반에 대해 말씀 부탁드립니다. 준비 과정에서 어려웠던 점도 함께 말씀해 주시면 좋습니다.

답변1 저는 서류 → NCS 논술 필기 → 다대다 면접을 통해 입사했습니다. 서류전형에서는 경력을 가장 강조하고, 그 다음으로 학교교육 등을 강조했습니다. 공공기관은 NCS/블라인드 채용방식이기 때문에 교육현황에서도 학교명은 적을 수 없고, 전공 및 업무 관련 교육을 강조했습니다. NCS 서류에서 전공으로는 경영학과가 가장 무난하며, 고용노동부 HRD.net에서 지원하는 NCS 강의와 한국사1급, 컴활1급, 토익 700점 이상, 인턴 경험 6개월 정도만 있으면 어떤 기관이든 무난하게 통과할 수 있다고 생각합니다. 여기서 유의할 점은 서류에서 쓴 내용을 기반으로 향후 면접에서 질문이 이루어지기 때문에 사실에 기반해서 답변할 수 있는 내용만 작성해야 합니다.

필기시험의 경우에는 NCS라서 대부분 채용기관의 실무에 대한 배경지식을 묻는 문제와, 실무에서 즉시 활용 가능한 문제 해결능력을 평가하는 문제가 다수였습니다. 저는 주로 정부출연연구기관을 준비했었기 때문에, 서술형(주관식) 시험을 중점적으로 준비했으며, 공부할때는 주로 정부출연연구기관에서 발행하는 최신 연구보고서를 읽어 보고 시험장에 들어갔습니다. 그리고 NCS 5지 선다형 지필시험은 비타인 문제집, 해커스 인적성검사 문제집을 풀어보고 갔습니다. 그 외에는 유튜브에 필기시험 10초컷, 20초컷 등 무료 풀이 강좌를 보면서 스킬을 익혔습니다.

마지막으로 면접은 사실 실무 경험이 충분히 있으면, 외부 협력사 고객을 만났다고 생각하고 친절하게 질문에 답하는 느낌으로 대답하면 100% 합격할 수 있을 것이라 자신합니다. 하지만 3일, 7일 정도 벼락치기로 준비해서 면접을 보는 것은 추천 드리고 싶지 않습니다. 자기소개나 기본적인 태도 등 질문에서는 벼락치기 준비가 먹힐 수 있으나, 해마다 최종면접까지 오는 지원자들의 수준이 높아지고 있어, 공공기관의 업무프로세스에 대한 이해가 없이 면접에 나선다면 면접에서 낭패를 볼 가능성이 높습니다.

질문 2 공공기관은 블라인드 채용을 진행하고 있습니다. 블라인드 채용 방식에 대해 어떻게 생각하시는지 자유로운 답변 부탁드립니다(장단점 등).

답변 2 수도권 대학을 졸업한 사람들이 지방이전 인재들이 블라인드 채용 덕분에 실력도 없는데 대거 채용되어 본인들에게 피해가 되었다고 하는 경우가 종종 있습니다. 하지만 그 주장은 근거가 없는 주장이라고 강력하게 말씀드리고 싶습니다. 실제로 공공기관에와서 근무해보면 알겠지만, 학벌과 학력에 관계없이 순수하게 업무능력으로 평가받는 곳이 공공기관입니다. 특히나 국민의 권익을 위해 세금으로 운영되는 곳이라 개인윤리수준, 예의범절을 매우 중요하게 여기고 있습니다. 블라인드 채용 덕분에 전국적으로 균등하게인재풀이 형성되고 있으며, 지역 인재를 채용으로 지역 발전 불균형해소, 지역 중소도시의 경제활성과, 인구절벽 극복에도 많은 도움을 주는 것으로 나타났습니다.

즉, 차별이 없는 블라인드가 자리 잡으며 대학 간판이 평생을따라다니는 성적표로 작용하는 악순환을 끊어낼 수 있게 되었습니다. 이를 통해 사회 다양한 계층의 목소리가 공공기관에도 반영되어, 선순환 업무로 이어지게 되는 기회로 작용하기에 저는 블라인드채용을 긍정적으로 평가합니다.

질문1 　공공기관에서 근무하시면서 가장 좋은점은 어떤게 있다고 생각하시나요? 복리후생, 근태, 기타 등 자유롭게 몇 가지 사례를 통해 답변 부탁드립니다.

답변1 　공공기관별로 차이가 나긴 하지만, 연봉과 복지 모두 대기업을 제외한 일반적인 회사보다는 좋다고 생각합니다. 특히 500인이상 공공기관에는 의무적으로 어린이집 설치를 해야 하며, 여성의 경우 내부 눈치를 안보고 육아휴직, 재택근무, 유연근무를 적극 사용할 수 있는 점에서 여성들이 직장생활 하기에는 공공기관만한 직장이 없다고 생각합니다. 그 외에는 관련 전문가와 소통할 일이 많기 때문에 다양한 정보를 얻을 수 있고, 정년까지 문제없이 다닐 수 있다는 점이 장점이라고 생각합니다.

질문 2　대부분의 취업 준비생들이 공공기관 하면 '워라밸'을 생각하는데요, 워라밸이 어느 정도 지켜지는지, 퇴근 후에는 어떤 삶을 살고 있는지. 회사 회식은 자주하는지 직장생활에 대한 답변 부탁드립니다.

답변 2　2018년 정부부처 합동 갑질근절 대책 발표, 2021년 LH사태를 통해 나온 부패방지 대책들 덕분에, 공공기관에서 갑질은 이제 거의 사라져 가는 추세입니다. 그런 내부 상하간, 갑질에서 비롯되는 강제 야근, 술자리 강요 등은 갈수록 유명무실해지고 있습니다. 그래서 대부분의 공공기관들은 9시 출근 6시 퇴근의 워라밸이 지켜진다고 볼 수 있습니다.

다만, 공공기관일지라도 워라밸이 지켜지지 않는 상황이 발생하는데, 대체로 함께 일하는 팀내 상사가 일을 안 하거나, 내가 역량이 부족하거나, 소관 중앙부처 공무원이 갑작스럽게 자료를 요청하면 불가피하게 야근을 해야 할 수 있습니다. 그리고 기관 내 부서마다 분위기가 달라 정말 바쁜 부서는 야근을 자주 하는 경우도 있습니다.

퇴근 후에는 자기개발을 하거나 가족이나 지인들을 만나 시간을 보냅니다. 여느 다른 직장인들과 다르지 않습니다. 공공기관은 대체적으로 분위기가 공부하려는 분위기가 있어, 직원들에게 다양한 프로그램 등을 통해 지원하고 있습니다. 신입사원으로 입사하신다면 처음에는 업무를 배우기 위해 노력하고, 경력이 어느 정도 쌓이면 자기개발도 힘쓰시면 더 좋을 것이라 생각합니다.

여섯,
맺는 글

MZ세대들의 취업을 진심으로 응원합니다.

대학교 졸업한 지가 엊그제 같은데 벌써 몇 년이라는 시간이 지났습니다. 졸업 후 제 인생에서 많은 일들이 있었습니다. 공공기관에 취업도 하고, 중간 중간 이직도 하면서 나름 공공기관에서 업무 경력을 쌓았습니다. 이 모든 것이 가능했던 것은 나 자신을 굳건히 믿었기에 가능하지 않았나 생각합니다.

요즘 저와 같은 또래인 MZ세대분들을 보면 정말로 마음이 좋지 않습니다. 부동산 가격은 천정부지로 높아져 취업을 해 월급쟁이로 돈을 모아 집을 사기가 더욱 어려워졌습니다. 이중고로 물가도 많이 올랐습니다. 정말이지 갈수록 살기가 팍팍해지고 있습니다. 취업시장은 시베리아 빙판처럼 꽁꽁 얼어 붙었습니다. 사람인이나 인쿠르트 같은 채용 사이트를 종종 보는데, 과거보다 채용의 규모가 분명히 줄어들었음을 느낄 수 있었습니다. 누구나 마찬가지인 상황입니다.

여러분 그래도 이런 어려운 상황에도 항상 희망은 있다고 생각합니다. 저도 한창 취업 준비를 할 때 가족들한테 내색은 안 했지만 마음 한구석에는 늘 '합격'이라는 불안한 마음이 있었습니다. 내가 만약 취업을 못하고 백수가 되면 어떡하지? 라는 마음 말입니다. 그러면서도 한편으로 취업을 너무 조급해하지 않았습니다. 당장 취업이 되진 않겠지만 내 나름대로 노력하고 도전하면 분명 좋은 결과가 있을 거라고 긍정적으로 생각했기 때문이었습니다.

몇 달 전 초·중·고등학교를 같이 다녔던 동창 친구와 함께 저녁을 먹었는데 약 4년간 준비했던 공무원 시험에 최종 합격했다는 것이었습니다. 시험 준비로 그 친구한테 연락은 하지 못했지만 오랜만에 만나 그 말을 듣고 그동안의 노력이 드디어 보상받는다고 말하며 진심으로 축하해줬습니다. 친구가 마음고생이 심했다고 말은 안 했지만, 어느 정도는 표정에서 느낄 수 있었습니다. 그래서 마음이 짠했습니다.

취업 준비생분들께 그냥 하는 말이 아니라 현재 흘리고 있는 땀방울은 절대 자신을 배신하지 않는다고 생각합니다. 지금도 밤늦게까지 책상에 앉아서 자기소개서를 쓰거나 필기시험 공부를 하고 있을 것입니다. 당장 결과가 확 드러나진 않겠지만 목표한 대로 정진하시길 바랍니다. 그러다 보면, 사람마다 차이가 있을 뿐 저처럼 분명 좋은 결과가 올 것이라 생각합니다. 할 수 있다 라는 마음으로 도전하여 원하는 공공기관에 최종 입사하시는 결과를 얻길 바라겠습니다. MZ세대들의 취업을 진심으로 응원합니다.

감사합니다.

에필로그

참고문헌

- 공공기관 경영정보시스템(알리오) 참고

- 이것이 OOO 이다.

- 저자 합격 자기소개서 : OO년 OO기관 실제 저자 합격 자기소개서 일부 발췌

- http://www.dt.co.kr/contents.html?article_no=2021092402100658027001&ref=naver

- 공공기관연구원 사이트 참고(https://www.maip.kr/)

- 한국조폐공사 채용 사이트(https://www.komsco.com/kor/88/recruitment)

- 한국천문연구원 채용 사이트(https://www.kasi.re.kr/kor/publication/post/recruitNotice)

- 국가직무능력표준(www.ncs.go.kr) 사이트 참고

- https://magazine.hankyung.com/job-joy/article/202101296740d

- https://www.a-ha.io/questions/423cc418b2adb82494a8847a8afaf0fb(무기계약직과 정규직 차이 네이버 지식 in)

- 〈자소서 바이블, 2019 면접왕 이형〉 내용 일부 참조

- 공공기관 전직 인사 담당자, 현직 근무자 서면 인터뷰

- 대학내일 20대연구소 MZ세대의 온택트 여가 생활 조사 발표(https://www.20slab.org/Archives/37823)

- https://book.naver.com/bookdb/book_detail.nhn?bid=18868621(취업의 신 자소서 혁명 참고)

MZ세대의 취업법
공공기관 취업문 생각보다 쉽다

초판인쇄	2022년 06월 16일
초판발행	2022년 06월 23일
지은이	김동선
펴낸이	노소영
펴낸곳	도서출판 마지원
등록번호	제559-2016-000004
전화	031)855-7995
팩스	02)2602-7995
주소	서울 강서구 마곡중앙로 171
메일	editgarden@naver.com
블로그	http://blog.naver.com/wolsongbook
ISBN	979-11-88127-55-9 13320

정가 **15,700원**